Das Verschwinden der Europäer

Dudo Erny

Das Verschwinden der Europäer

Bibliografische Information der Deutschen Nationalbibliothek
Die Deutsche Nationalbibliothek verzeichnet diese Publikation in der
Deutschen Nationalbibliografie; detaillierte bibliografische Daten sind
im Internet über http://dnb.dnb.de abrufbar.

Satz, Umschlaggestaltung, Herstellung und Verlag:
BoD – Books on Demand
ISBN 978-3-7357-0709-3

Inhalt

Vorwort

Wenn Sie Europa vor dem Niedergang bewahren wollen, dann sollten Sie dieses Buch kaufen!

Heute wird man tagtäglich mit den Ideologien der Umweltschützer und politisch korrekten Gutmenschen konfrontiert, die mit simplen Lösungsansätzen die gravierendsten Probleme aus der Welt schaffen wollen: Man muss weniger Fleisch essen und mehr öffentliche Verkehrsmittel benützen – dann wird alles gut. Dabei verschweigen sie die größten Probleme der Erde und Europas. Während in den Entwicklungsländern immer noch ein hohes Bevölkerungswachstum stattfindet, schrumpft die Einwohnerzahl Europas. Dieses Ungleichgewicht und das wirtschaftliche Gefälle führen zu riesigen Migrationsströmen, die schon heute für viele europäische Länder ein unlösbares Problem darstellen.

Da die Medien selten über Bevölkerungszahlen berichten, ist den meisten Europäern gar nicht bewusst, in welch kurzer Zeit sie aus dem Lebensraum verschwinden werden, wenn die momentane Entwicklung unverändert weitergeht. Wissen Sie, wie viele Menschen heute in Nigeria leben und wie viele es im Jahr 2100 sein werden? Wissen Sie, nach wie vielen Jahren ein Land mit einer niedrigen Geburtenrate alle seine Einwohner verloren hat? Falls ja, dann gehören Sie zu einer kleinen Minderheit.

Ich habe im Buch eine Auswahl der relevanten Länder mit Zahlen zur Bevölkerungsentwicklung, Landesfläche, Bevölkerungsdichte und einem geschichtlichen Überblick aufgeführt. Die Geschichte zeigt, dass die Menschen nichts aus der Geschichte lernen, aber vielleicht gibt es irgendwann eine Ausnahme.

Die Demografie befasst sich mit Bevölkerungen und deren Entwicklung und Verteilung und verwendet dabei komplizierte mathematische Formeln. Die Bevölkerungswissenschaft verwendet Begriffe wie Bruttoreproduktionsrate und Fertilität, die ein Durchschnittsbürger nicht versteht. Ich verwende darum im Buch den Ausdruck Geburtenrate. Die Demografen reden lieber von Projektionen statt von Prognosen – auch hier ist der Laie überfordert und kennt nicht den Unterschied.

Die Milliarde

Die Zahl Milliarde ist eine 1 mit neun Nullen.

1 000 000 000

Eine Million – eine 1 mit sechs Nullen – ist uns besser vertraut, und wenn Sie meinen, dass drei zusätzliche Nullen keinen großen Unterschied ausmachen, dann werden Sie am Ende dieses Kapitels deren Wirkung erkennen und die Weltprobleme besser verstehen.

Der Mensch hat in der Frühzeit in kleinen Gemeinschaften von 30 bis 70 Menschen gelebt und hatte nie mit großen Zahlen zu tun gehabt. Auf der Welt leben heute aber Milliarden von Menschen, und hier versagen unsere Vorstellungskraft und der oft zitierte gesunde Menschenverstand. Viele Probleme werden unterschätzt, weil wir nicht in der Lage sind, uns die Zahl Milliarde vorzustellen.

Ich möchte Ihnen am Beispiel der Cornflakes-Schachteln die Zahl Milliarde verdeutlichen. Eine Schachtel Frühstücksflocken ist 4 cm breit. Ihre Aufgabe besteht darin 1 Milliarde Schachteln hintereinander aufzustellen. Beginnen wir unser Experiment in Berlin am Brandenburger Tor. Man reicht Ihnen die Schachteln, und nachdem Sie 25 davon hintereinander aufgestellt haben, ist schon ein Meter zurückgelegt. Sie denken wahrscheinlich, dass am Stadtrand die Aufgabe beendet ist, aber die Arbeit geht weiter und wir machen uns auf den Weg nach Süden. Nach 588 km sind wir in München angekommen und wir machen die erste Rechnung: 25 000 Cornflakes-Schachteln pro km multipliziert mit 588 gibt als Resultat 14,7 Millionen Kartonschachteln. Da gibt es noch viel zu tun, und so machen wir uns auf die Reise nach Hamburg, und auf dem Weg dorthin legen wir wieder die Schachteln schön hintereinander auf die Straße. Nach 775 km stellen wir fest, dass Sie weitere 19,375 Millionen Schachteln hingestellt haben. Weil Sie sehen, dass noch viele Schachteln übrig sind, machen wir uns auf den Weg nach Madrid, der Hauptstadt Spaniens. Nach 2 168 km rechnen Sie wieder und sehen, dass immer noch mehr als 911 Millionen Schachteln zu verteilen sind. Von Berlin nach München, Hamburg und Madrid haben Sie nicht einmal 10 Prozent der eine Milliarde Cornflakes-Schachteln aufgestellt.

Ein bekannter Schauspieler hat vom Management den Auftrag bekommen, eine Milliarde Autogrammkarten zu unterschreiben. Der macht sich an die Arbeit und denkt sich, dass er bei einem Autogramm pro Sekunde bald fertig ist. Nach einer Stunde tut ihm die Hand weh und er beginnt zu rechnen. Bei acht Stunden täglich und fünf Schreibtagen pro Woche und ohne Urlaub schafft er im Jahr 7,488 Millionen Autogrammkarten. Für eine Milliarde Autogramme bräuchte er mehr als 133 Jahre, und da sah er ein, dass im Leben nicht alles machbar ist, wenn die Milliarde im Spiel ist.

Sie haben die Aufgabe bekommen, 1 Milliarde Reiskörner zu essen. Wahrscheinlich denken Sie, dass es jetzt einige Tage Reis als Beilage gibt, und dann haben Sie die Aufgabe erfüllt. Nehmen wir an, dass 40 Reiskörner 1 g schwer sind und dass Sie jeden Tag 1 kg Reis (entspricht 40 000 Reiskörnern) essen. Wenn man die Milliarde durch 40 000 dividiert, bekommt man als Resultat 25 000 Tage, und wenn man diese in Jahre umrechnet, dann erkennt man, dass man ziemlich lange einen einseitigen Menüplan hätte, um die Aufgabe zu erfüllen. Man muss nämlich 68 Jahre lang jeden Tag 1 kg Reis essen, um 1 Milliarde Reiskörner zu verspeisen.

China hat 1,3 Milliarden Einwohner, die immer wohlhabender und reisefreudiger werden. Hier ein Beispiel, wie es aussehen könnte, falls 1 Milliarde chinesischer Touristen sich auf den Weg nach Europa machen. Vergessen wir das Nachtflugverbot und nehmen darum an, dass ununterbrochen Tag und Nacht alle 10 Sekunden ein Flugzeug in China mit 300 Passagieren an Bord in Richtung Europa startet. Pro Tag können somit 2,592 Millionen Chinesen abfliegen. Nach einem Jahr Nonstopflüge wären erst 946 Millionen Chinesen in Europa angekommen. Erst nach weiteren 21 Tagen hätten alle Passagiere ihre Zieldestination erreicht.

Viele Hilfsorganisationen bitten um Spenden, und wenn einige Millionen Euro zusammenkommen, wird das groß gefeiert und die Spender glauben, dass jetzt die Armut in den Entwicklungsländern beseitigt ist. In der Realität zeigt die Million überhaupt keine Wirkung, weil jetzt die böse Milliarde ins Spiel kommt. Wenn man eine Million Euro an eine Milliarde Menschen verteilt, bekommt ein Dorf mit 500 Einwohnern in einem armen Land 50 Cent überwiesen. Wenn der Dorfälteste mit der Spende eine Tüte Reis kauft und diese in 500 Portionen teilt, dann wird keiner davon satt. Man kann sich als Faustregel merken: Wenn man 10 Millionen Euro Spendengelder an 1 Milliarde Menschen verteilt, bekommt jeder der Beschenkten 0,01 Euro, oder in Worten ausgedrückt: einen einzigen Cent. Woher der Optimismus der Hilfsorganisationen kommt, ist mir ein Rätsel.

In den Medien wird oft geklagt, dass eine Milliarde Menschen von einem Dollar am Tag leben müssen. Es wird aber nicht erwähnt, welchen Geldbetrag es braucht, um das Einkommen nur um einen Cent pro Tag während eines Jahres zu erhöhen. Das Jahr hat 365 Tage, also benötigen Sie pro Person und Jahr 3,65 Dollar, und wenn Sie diesen Betrag mit einer Milliarde multiplizieren, haben Sie die gesuchte Zahl. Wenn Sie das Einkommen der ärmsten Menschen für ein Jahr lang von 1,00 Dollar auf 1,01 Dollar erhöhen wollen, müssen Sie auf die Straße gehen und 3,65 Milliarden Dollar sammeln. Versuchen Sie es doch, vielleicht läuft Ihnen ein Milliardär über den Weg.

Der Durchschnittsmensch unterschätzt die Zahl Milliarde. Ein kleines Problem, das mit einer Milliarde multipliziert wird, erweist sich oft als unlösbar. Menschen, die behaupten, dass es genug Nahrungsmittel auf der Welt gibt, es sei nur ein Verteilungsproblem, haben die Zahl Milliarde nicht verstanden. Etwa 1 Milliarde Menschen auf der Welt sind unterernährt. Wenn Sie jedem täglich eine Essensration von 300 g schicken wollen, dann müssen Sie jeden Tag 10 000 Lastwagen – jeder mit 30 t Lebensmitteln beladen – auf die Reise schicken. Wer bezahlt die Nahrung, die Lastwagen, die Löhne der Fernfahrer und den Treibstoff?

Dieses Kapitel möchte ich mit folgender Aussage abschließen: Ein Optimist ist ein Mensch, der die Zahl Milliarde nicht versteht.

Die Exponentialfunktion

Als Kinder haben wir Holzklötze aufeinandergestapelt und dieses langsame Wachstum ist uns vertraut. Es gibt aber noch das exponentielle Wachstum, das irgendwie nicht in unsere Erfahrungswelt hineinpasst. Vergleichen wir einen ein Meter hohen Turm von 20 Klötzen, die einer nach dem anderen gestapelt wurden, mit einem Turm, der exponentiell wächst. Wie bei einem normalen Turm beginnen wir mit einem einzigen 5 cm hohen Holzklotz. In jedem folgenden Schritt verdoppeln wir die Anzahl Klötze und die Reihe lautet 2, 4, 8, 16, 32 etc. Nach dem 20. und letzten Schritt ist der Turm mehr als 26 km hoch! Man sollte im Kindergarten die Kinder exponentielle Türme bauen lassen, dann würden sie als Erwachsene mehr Respekt vor der Exponentialfunktion haben.

Am Beispiel des Bodensees und der Seerosen möchte ich Ihnen zeigen, wie wir von der Exponentialfunktion überlistet werden. Der Bodensee hat eine Fläche von 536 km² oder 53 600 ha. Am Anfang ist ein einziger Hektar von Seerosen bedeckt. Jede Woche verdoppelt sich die von den Seerosen bedeckte Fläche; In der zweiten Woche sind somit 2 ha von Seerosen bedeckt, in der dritten sind 4 und in der zehnten Woche sind 512 ha zugewachsen, was nicht einmal 1 Prozent der Bodenseefläche entspricht. Hier spielt uns unser Gehirn einen Streich, weil es gewohnt ist, linear zu denken. Die Politiker verharmlosen den Zuwachs an Seerosen und versprechen, in einem Jahr die nötigen Schritte zu unternehmen, denn wenn in 10 Wochen der Zuwachs so gering war, besteht kein Grund für übereilte Maßnahmen. Jede weitere Woche verdoppelt sich aber die Fläche der Seerosen, und nach 14 Wochen sind 8 192 ha der Seefläche zugewachsen. Jetzt beginnen die Behörden und Medien vom Problem der Seerosen zu berichten, und eine Woche später sind schon 16 384 ha bewachsen. Die letzten Optimisten meinen, dass doch der größere Teil des Sees immer noch frei von Seerosen ist und man genug Zeit hätte, um Maßnahmen zu treffen, aber eine Woche später sind bereits 32 768 ha mit Pflanzengrün bedeckt, und das ist mehr als die Hälfte der Seefläche. In der 17. Woche ist der Bodensee komplett mit Seerosen bedeckt. In der 10. Woche, als nur 1 Prozent der Seefläche mit Seerosen bedeckt war, wäre der richtige Moment gewesen, um sich gegen das exponentielle Wachstum zu wehren. Die Exponentialfunktion beginnt ganz harmlos und entfaltet die verheerende Wirkung erst nach einiger Zeit. Unser Gehirn wird überlistet und wir erkennen die Gefahr zu spät.

Sicher kennen Sie die Redensart: Die Bäume wachsen nicht in den Himmel. Schauen wir in einem theoretischen Beispiel an, wie sich ein Exponentialbaum verhalten würde. Im ersten Jahr ist er nur 10 cm hoch und die Höhe verdoppelt sich jedes Jahr. Im fünften Jahr ist er 1,6 m hoch und im zehnten sind es schon stattliche 51,2 m. Das heimtückische an einer Exponentialfunktion ist, dass sie zu Beginn so harmlos ausschaut. Wir sind von der Schule her gewohnt, Dreisatzaufgaben zu lösen, und da würde eine Aufgabe so lauten: Ein Baum ist nach 10 Jahren 51,2 m hoch. Wie hoch ist er nach 20 Jahren? Wir rechnen schnell im Kopf und schon ist das Resultat da: 102,4 m. Bei einem exponentiellen Wachstum lautet das richtige Ergebnis aber: 52 428,8 m. Dass ein Baum nicht 52 km hoch wird, hat viele Ursachen. In dieser Höhe sind der Luftdruck und die Temperatur niedrig und die starken Höhenwinde würden den Baum entwurzeln. Sie fragen sich jetzt, was das Beispiel mit dem Baum soll, aber genauso wie der exponentielle Baum wächst die Bevölkerung in einigen afrikanischen Ländern. Das exponentielle Wachstum funktioniert auf die Dauer nicht, weder beim Baum noch bei den Menschen. Beim Menschen werden es Hungersnöte sein, die das maßlose Wachstum beenden werden. Für Neugierige: Der exponentiell wachsende Baum wäre nach 33 Jahren 429 497 km hoch, und wenn er Pech hat, wird er vom Mond umgesäbelt. Viele Menschen verstehen problemlos das Rechenbeispiel mit dem Baum, aber sobald man von der Weltbevölkerung spricht und die Familienplanung als die einzige vernünftige Lösung erwähnt, da wird das religiöse Über-Ich aktiv und auf einmal ist das exponentielle Wachstum der Bevölkerung kein Problem. Da kommen Einwände wie: Man darf den technischen Fortschritt nicht unterschätzen, mit besserer Bewässerung und mehr Dünger kann man noch viel Menschen ernähren, und wenn wir uns vegetarisch ernähren, können unendlich viele Menschen auf der Welt leben.

Ein Außerirdischer landet mit seinem Raumschiff auf der Erde und lädt einen Anwesenden zu einer Spritzfahrt durch das Sonnensystem ein. Dieser steigt ein und man erklärt ihm, dass die Anfangsgeschwindigkeit 1 mm/s beträgt und dass diese jede Sekunde verdoppelt wird. In der 5. Sekunde meckert der Erdenbürger: „Jetzt fliegen wir erst mit 16 Millimetern pro Sekunde und Ihr wollt mich zu anderen Planeten bringen – dass ich nicht lache." Da meint der Außerirdische: „Warte nur Erdling, du verstehst die Exponentialfunktion nicht." In der 20. Sekunde vermeldet er: „Wir haben die Schallgeschwindigkeit überschritten." In der 25.

Sekunde meldet er sich wieder: „Wir fliegen jetzt mit 16 km pro Sekunde und können die Erdumlaufbahn verlassen." In der 39. Sekunde meldet kommt die Mitteilung: „Wir können die Geschwindigkeit nicht mehr verdoppeln, da wir die Lichtgeschwindigkeit erreicht haben." Die Exponentialfunktion wird in der Praxis immer an eine Grenze stoßen, daran kann keine utopische Ideologie etwas ändern. Unser Erdenbürger hätte übrigens die Beschleunigungskräfte nicht überlebt. Er wäre wie eine Tomate unter einer Dampfwalze zerquetscht worden.

In einigen Entwicklungsländern verdoppelt sich die Bevölkerung in 35 Jahren. Wenn ein Dorf mit 200 Einwohnern 35 Jahre später 400 Einwohner hat, so ist das noch kein Problem, aber nach 9 Verdoppelungen ist aus dem kleinen Dorf eine Stadt mit 102 400 Einwohnern geworden und nach weiteren 3 Verdoppelungen leben hier schon 819 200 Menschen. An diesem exponentiellen Wachstum sind alle bisherigen Entwicklungsprojekte gescheitert. In den meisten Entwicklungsländern sind die Elendsviertel wegen dieser exponentiellen Bevölkerungsvermehrung entstanden. Viele Optimisten meinen, dass die Geburtenrate schon übermorgen abnehmen wird. Falls sie das aber nicht tut, werden nach weiteren 5 Verdoppelungen in unserem Beispieldorf 26 Millionen Menschen leben und nach weiteren 35 Jahren sind es schon 52 Millionen etc.

Es gibt Hilfsprojekte, die Brunnen bohren, um die Wasserknappheit zu bekämpfen. Wenn man als Ausgangssituation annimmt, dass heute auf einen Quadratkilometer ein einziger Brunnen gebohrt werden muss, dann wird man nach 18 Verdoppelungen mehr als eine Million Brunnen pro Quadratkilometer gebohrt haben, also auf jeden Quadratmeter kommt ein Brunnen. Das Land ist dann durchlöchert wie ein berühmter Käse und der Grundwasserspiegel hat sich schon längst verabschiedet. Den Kampf gegen das exponentielle Wachstum wird man nach einiger Zeit immer verlieren.

Die zunehmende Exponentialfunktion beginnt ganz langsam und das Wachstum wird immer steiler. Es gibt aber auch die abnehmende Exponentialfunktion. Hier geschieht das Umgekehrte: Am Anfang ist die Abnahme sehr groß und nimmt später immer mehr ab. Ein Beispiel liefern viele wohlhabende Länder mit einer geringen Geburtenrate. Die Bevölkerungszahl sinkt rasch ab und es geht dann ein Weilchen, bis die wenigen Überlebenden ganz ausgestorben sind.

Man kann sich als Faustformel für den Alltag merken: Bei 1 Prozent Wachstum verdoppelt sich die Ausgangsmenge in 70 Jahren. Daraus kann man herleiten, dass bei 0,5 Prozent Wachstum die Verdoppelungszeit 140 und bei 2 Prozent 35 Jahre beträgt.

Zum Schluss des Kapitels eine Definition: Ein Optimist ist ein Mensch, der die Exponentialfunktion nicht versteht.

Die Normalverteilung

Ich möchte Ihnen hier eine weitere Funktion vorstellen, damit Sie die Welt und sich selber besser verstehen. Wenn Sie einen Eimer voll Sand über einem Punkt ausleeren, dann wird ein Hügel entstehen, der in der Mitte am höchsten und an den Rändern am niedrigsten ist. Der Hügel ist dreidimensional, und wenn Sie diesen von der Seite betrachten, können Sie sich das zweidimensionale Aussehen der Normalverteilung vorstellen. Links und rechts an den Rändern befinden sich nur wenige Sandkörner und in der Mitte am meisten. Nach diesem Prinzip arbeitet die Natur.

Wenn Sie die Kartoffeln, die von einem Acker geerntet wurden, einzeln wiegen, dann werden Sie feststellen, dass es nur wenige Kartoffeln gibt, die extrem leicht oder sehr schwer sind. Die meisten Kartoffeln fallen in die Kategorie der mittelschweren.

Wenn Sie im Herbst die Blätter vermessen, die von einem Baum gefallen sind, werden Sie feststellen, dass die meisten Blätter eine mittlere Größe aufweisen, während sehr kleine oder sehr große Blätter ziemlich selten sind.

Der Mensch ist Teil der Natur und auch bei ihm wirkt die Normalverteilung. Wenn Sie in der Stadt spazieren gehen, werden Sie vorwiegend Menschen mittlerer Größe sehen, außer Ihnen läuft eine Basketballmannschaft über den Weg. Wenn man eine größere Gruppe von Menschen auf ihre Intelligenz testet, dann begegnet man wieder der Normalverteilung. Die meisten Menschen haben einen IQ im Bereich von 100. Etwa die Hälfte der Bevölkerung hat einen IQ, der kleiner als 100 ist. Die Mensa ist ein Netzwerk für Hochbegabte. Um Mitglied zu werden muss man einen

IQ von etwa 130 vorweisen, was nur 2 Prozent der Bevölkerung erreichen. Einstein und Mozart sind die Ausnahme, die meisten Menschen sind mittelmäßig begabt.

Diese Normalverteilung findet man auch in der politischen Landschaft. Die meisten Menschen wählen die Parteien der Mitte. Links- oder rechtsextreme Parteien bekommen in ruhigen Zeiten nur wenige Stimmen. Wenn sich Staaten im bürgerkriegsähnlichen Zustand befinden oder soziale Unruhe herrscht, dann können die extremen Parteien an die Macht kommen. Wenn Politiker nach der Mitte streben, dann hat das seinen guten Grund – die Natur selber strebt zum Mittelwert und produziert vorwiegend mittelmäßige Wähler.

Die Weltbevölkerung

Vor 12 000 Jahren haben schätzungsweise 5 bis 10 Millionen Menschen auf der Welt gelebt. Vor 2000 Jahren gab es 250 bis 300 Millionen Erdenbewohner. Etwa im Jahr 1800 dürfte die Menschheit eine Milliarde Menschen überschritten haben. Als ich 1953 auf die Welt kam, haben 2,6 Milliarden Menschen den Planeten bevölkert. In meinem Buch *Die Grünschwätzer* habe ich im Jahr 2009 die aufgerundete Zahl von 6,8 Milliarden Menschen gebraucht und viele haben mir versichert, dass die Geburtenrate in den meisten Ländern sinkt und ich solle keine Panik machen – aber siehe da, im Jahr 2015 leben auf der Welt 7,3 Milliarden Menschen und jedes Jahr kommen weitere 80 Millionen dazu. Jeden Tag wächst die Weltbevölkerung um etwa 220 000 Menschen. Die Verstorbenen sind in dieser Zahl schon eingerechnet. Mit einem Metronom können Sie die globale Bevölkerungszunahme akustisch darstellen. Stellen Sie dieses auf 153 Schläge pro Minute ein – jeder Schlag entspricht der Zunahme um einen weiteren Erdenbürger.

Wir unterschätzen die Mächtigkeit von niedrigen Wachstumsraten. Wir glauben, dass ein jährliches Wachstum von 1 Prozent niedrig ist, aber damit findet in 70 Jahren eine Verdoppelung statt. Über eine längere Zeitdauer hat das eine verheerende Wirkung. Wenn wir annehmen, dass vor 2015 Jahren 250 Millionen Menschen auf der Welt gelebt haben und die Bevölkerung mit 1 Prozent gewachsen wäre, dann hätte die Welt schon 70 Jahre später 500 Millionen Menschen gezählt und im Jahr 140 wäre die erste Milliarde geknackt worden – was in der Realität erst um das Jahr 1800 geschah. Im Jahr 350 hätte man mit 8 Milliarden schon die heutige Bevölkerungszahl überholt. Im Jahr 770 hätte die Landwirtschaft 512 Milliarden Menschen ernähren müssen. Wir sind heute nicht in der Lage, alle der 7,3 Milliarden Menschen zu ernähren, also sind weitere Rechnereien reine Theorie. In der Praxis hat die hohe Sterberate verhindert, dass die Bevölkerung in früheren Jahrhunderten stark zugenommen hat.

Leider ist es nicht einfach vorherzusagen, wie sich die Zahl der Weltbevölkerung in Zukunft entwickeln wird. Viele Fachleute behaupten, dass die Weltbevölkerung bei 9 bis 10 Milliarden Menschen ihren Höchststand erreichen wird, und diese Zahl ist bei einigen Wissenschaftlern wie in Granit gemeißelt und wird von den Medien als absolute Wahrheit verkauft, dabei veröffentlicht die UNO verschiedene Szenarien für das Jahr 2100. Im mittleren Szenario geht man von 10,8 Milliarden Menschen aus. Das hohe Szenario sagt für das Jahr 2100 eine Weltbevölkerung von 16,6 Milliarden Menschen voraus. Bei konstanter Geburtenrate wird die Weltbevölkerung Ende dieses Jahrhunderts 28,6 Milliarden Menschen betragen. Falls die globale Bevölkerungsvermehrung auch nach dem Jahr 2100 mit gleichem Tempo weitergeht, werden im Jahr 2575 1,8 Billionen (Tausend Milliarden) Menschen leben. Für das Jahr 3275 sagt die Tabellenkalkulation eine Weltbevölkerung von 1,9 Billiarden (Million Milliarden) voraus. Ein Land wie Nigeria hätte dann eine Bevölkerungsdichte von 46 Millionen Menschen pro Quadratkilometer, was 46 Personen auf einem einzigen Quadratmeter entspricht.

Länderauswahl

Hier finden Sie sowohl statistische Angaben als auch einen historischen, politischen und ökologischen Überblick zu einigen ausgewählten Ländern. Die Bevölkerungszahlen für die Jahre 2050 und 2100 sind die mittlere Variante der UNO; sie werden laufend korrigiert, da man die zukünftigen Geburtenraten nicht genau vorhersagen kann.

Bei Diskussionen über die Bevölkerungsproblematik habe ich immer wieder feststellen müssen, dass die meisten Menschen keine Ahnung haben, wie viele Einwohner bedeutende Staaten haben und wie rasant die Bevölkerung in einigen Regionen wächst. Wenn man die Zahlen und Fakten nicht kennt, lässt man sich leicht von verschiedenen Ideologien in die Irre führen und erkennt die Ausmaße der Probleme nicht.

Ägypten

Einwohnerzahl in Millionen: 1950: 22; 2010: 78; 2050: 121; 2100: 135.

Fläche: 1 002 000 km^2. Bevölkerungsdichte: 82 E/km^2.

Vor zwei Jahrtausenden war Ägypten die Kornkammer des Römischen Reiches. Noch im Jahr 1800 hatte Ägypten nur etwa 2,5 Millionen Einwohner. Die Nahrungsmittelproduktion konnte irgendwann mit der starken Bevölkerungszunahme nicht Schritt halten. Heute ist das Land ein wichtiger Weizenimporteur auf dem Weltmarkt.

In den 1970er-Jahren wurde der Nil südlich der Stadt

Assuan gestaut, um die Bevölkerung mit Energie und die Landwirtschaft mit Bewässerungswasser zu versorgen. Viele Kulturgüter liegen jetzt im Stausee. Ägypten streitet seit Jahren mit Nachbarländern um die gerechte Verteilung des Nilwassers, denn der Fluss ist die Lebensgrundlage des Landes. Das Bevölkerungswachstum der Länder am Nil verschlimmert die Lage zusehends. Beim Streit ums Wasser geht es nicht um Trinkwasser, sondern um Wasser für die Bewässerung der Felder, denn die Landwirtschaft ist der größte Wasserverbraucher. Nur dank der Bewässerung sind hohe Erträge möglich, und diese braucht man, um die Menschenmassen zu ernähren. Eigentlich geht es nicht um Wasser, sondern um Nahrung, denn diese kann ohne Wasser nicht produziert werden.

Bereits 1927 hatte Kairo eine Million Einwohner. Heute leben mehr als 8 Millionen Menschen in der Stadt, viele in illegalen Siedlungen, auf Dächern oder auf Friedhöfen. Ein Politiker hat es nicht einfach, diese Probleme zu lösen, da die Bevölkerungszunahme jeden Fortschritt wegfrisst.

Äthiopien

Einwohnerzahl in Millionen: 1950: 18; 2010: 87; 2050: 187; 2100: 243.

Fläche: 1 133 380 km^2. Bevölkerungsdichte: 75 E/km^2.

Falls die Prognosen zutreffen und die Bevölkerung Äthiopiens weiterwächst, könnte der Streit mit Ägypten um das Nilwasser in einem Krieg enden. Heute bringt eine Frau in Äthiopien mehr als 5 Kinder auf die Welt. Etwa 44 Prozent der Bevölkerung sind jünger als 14 Jahre und in wenigen Jahren wird diese Bevölkerungsgruppe wieder weitere Kinder auf die Welt bringen. Äthiopien ist eines der ärmsten Länder der Welt und die hohe Geburtenrate verursacht noch mehr Probleme. Durch die hohe Bevölkerungszunahme ist der Waldbestand praktisch vernichtet worden.

Die mittlere Bevölkerungsvorhersage für das Jahr 2100 zeigt, dass den Entwicklungshilfeorganisationen die Arbeit nicht ausgehen wird. Sie haben bis heute die Armut nicht beseitigen können und mit einer weiter steigenden Bevölkerungszahl wird ihnen das erst recht nicht gelingen. Falls die Geburtenrate nicht sinkt, erwartet die UNO für das Jahr 2100 eine Einwohnerzahl für Äthiopien von 1,5 Milliarden.

Australien

Einwohnerzahl in Millionen: 1950: 8; 2010: 22; 2050: 33; 2100: 41.
Fläche: 7 692 030 km^2. Bevölkerungsdichte: 3 E/km^2.

Vor der Invasion durch die Europäer haben in Australien wahrscheinlich etwa 700 000 Aborigines gelebt. Jeder von ihnen besaß somit einen 10 km^2 großen Lebensraum. (Ein Deutscher hat heute 0,0044 km^2 zur Verfügung.) Die Aborigines haben mit ihrer nomadenhaften Existenz das Land optimal genutzt. Wegen der häufigen und unvorhersehbaren Dürreperioden sind weite Gebiete Australiens für die Landwirtschaft zu riskant, und darum wären Hungersnöte die Folge gewesen. Mit wenigen Stunden Arbeit am Tag, die sie mit Jagen und Sammeln verbrachten, konnten die Aborigines ein angenehmeres Leben führen als die europäische Ackerbauern, die ständig schufteten, nur um zu überleben. Man meint oft, dass die Ureinwohner im Einklang mit der Natur gelebt haben, aber auch die Aborigines haben mit dem Legen von Bränden dem Land Schaden zugefügt.

1787/88 erfolgte der erste Transport britischer Strafgefangener nach Australien. Bis in die 1860er-Jahre wurden etwa 160 000 Gefangene deportiert. Am 26.1.1788 gründeten die Briten im heutigen Sydney die Kolonie New South Wales. Dieser Tag ist heute der Nationalfeiertag Australiens – für die Aborigines gibt es wenig zu feiern. Nach europäischen Maßstäben machten die Aborigines keinen Gebrauch von ihrem Land, da sie keinen Ackerbau betrieben. Die Europäer haben nicht verstanden, dass der gesamte Raum die Lebensgrundlage der Aborigines darstellte.

Um das Jahr 1800 wurden erste Merinoschafe eingeführt und die Wolle wurde nach England exportiert. Es war die Grundlage für das folgende Wirtschaftswachstum der Einwanderer, bei dem die Aborigines den Kürzeren zogen, da sie den Schafherden im Weg waren. 1851 wurden erste Goldfunde gemacht und die Einwanderung wurde verstärkt, wobei auch chinesische Arbeiter nach Australien kamen. Immer mehr Siedler drangen ins Landesinnere vor, da sie Weideland brauchten, und im Kampf um Lebensraum wurden Massaker an Aborigines verübt.

1901 wurde die nicht europäische Einwanderung verboten, da man eine „Politik des weißen Australien" verfolgte. Die Einwanderer haben weder die Sprache der einheimischen Aborigines gelernt noch ihre Lebensweise angenommen, sondern diese immer mehr aus dem Lebensraum gedrängt. Das ist nur eines der vielen Beispiele, wo die Kolonisatoren keine Rücksicht auf die Einheimischen nahmen oder heute noch nehmen.

Im Zweiten Weltkrieg wurde Australien von Japan angegriffen. Man fürchtete, dass das unterbevölkerte Australien sich gegen militärische Angriffe schlecht wehren kann, und darum wurden nach dem Krieg Einwanderer aus Europa angeworben. Neben Großbritannien und Irland kamen auch Menschen aus Deutschland, Polen, Griechenland, Italien und Jugoslawien nach Australien. Die Ureinwohner wurden immer mehr auf die Seite gedrängt. Aus Jägern und Sammlern wurden Sozialhilfeempfänger und Alkoholiker, die sich mit wenigen Ausnahmen nicht in die australische Gesellschaft integriert haben.

Man könnte glauben, dass mit einer Bevölkerungsdichte von 3 Einwohnern pro km^2 in Australien keine Probleme mit der Überbevölkerung existieren. Das Landesinnere ist zwar menschenleer, aber sehr trocken, und ohne Wasser ist die Existenz von Lebewesen nur beschränkt möglich. Wenn ich das Thema Überbevölkerung anschneide, sagen mir die Leute: „In Australien hat es noch viel Platz." Man könnte im australischen Outback Millionen von Marmorstatuen aufstellen, ohne die Ökologie zu schädigen. Der Mensch ist aber keine Marmorstatue – er braucht Nahrung und Wasser, um zu überleben. Dass man mit dem Platz allein schlecht überleben kann, haben schon viele Touristen gezeigt, die sich im Outback verirrt haben und verdurstet sind.

Die Küstenregion Australiens ist stellenweise dicht bebaut, sodass in etlichen Gegenden die Koalas durch Abholzen von Eukalyptusbäumen bedroht sind. In Australien gibt es kein Hochgebirge mit Gletschern und darum wenig Süßwasser – somit ist das Potenzial zur Lebensmittelproduktion begrenzt. Etliche Regionen sind wegen der Überweidung durch Schafe gefährdet und viele Böden sind durch Bewässerung versalzt. Dem Murray River wird so viel Wasser zur Bewässerung entnommen, dass in gewissen Jahren Meerwasser in die Mündungsregion eindringt. Die Stadt Perth im trockenen Bundesstaat Western Australia (Bevölkerungsdichte: 1 E/km^2) liegt nicht zufällig an dieser Stelle. Der Swan River sorgt für genügend Wasser, sodass in einer sonst trockenen Region eine Großstadt entstehen konnte.

Die frühen Einwanderer haben Kaninchen als Jagdwild nach Australien mitgenommen. Die ausgesetzten Tiere haben sich derart vermehrt, dass sie zu einer Landplage wurden. Da sich Kaninchen stark vermehren, hätten schon noch einigen Jahrzehnten Milliarden von Tieren den Kontinent bevölkern müssen. Die Natur hat dem exponentiellen Wachstum durch das Nahrungsangebot eine Grenze gesetzt, sodass maximal etwa 500 Millionen Kaninchen überleben können. Im Westen Australiens wurden Zäune gebaut, um die Ausbreitung der Kaninchen zu verhindern. Die von Siedlern freigelassenen oder geflohenen Pferde haben sich in der freien Wildbahn derart vermehrt, dass sie aus Helikoptern massenhaft abgeschossen werden. Die Überbevölkerung der Tiere führt zu Ernteausfällen der Farmer. Auch wenn man die Tiere nicht abschießen würde, irgendwann würden sie verhungern oder verdursten, da die Natur der exponentiellen Vermehrung der Lebewesen einen Riegel vorschiebt. Da die Tierschützer die exponentielle Funktion nicht verstehen, stellen sie absurde Forderungen und möchten, dass alle Nachkommen überleben.

Australien versucht den Zustrom von Asylanten zu verhindern und darum werden neuerdings die unerwünschten

Bootsflüchtlinge nach Papua-Neuguinea abgeschoben. Das ist natürlich nur eine der vielen Scheinlösungen, wie man mit dem Bevölkerungsüberschuss der armen Länder fertig werden will. Die weißen Australier haben die Aborigines aus dem Lebensraum gedrängt und wissen darum genau, wie es einem ergehen könnte, wenn man die Invasion nicht in den Griff bekommt.

Vor vielen Millionen Jahren bildeten Australien und die Antarktis einen gemeinsamen Kontinent. Im Süden Australiens kann man die Abrisskante der beiden Kontinente heute noch bestaunen. Die Antarktis ist noch menschenleerer als Australien und hat keine einheimische Bevölkerung. In der Antarktis leben im Sommerhalbjahr etwa 5000 Menschen; im Winterhalbjahr sind es etwa 1000. Es handelt sich um Forscher, die mit ihrer Anwesenheit das Revier markieren, das ihre Heimatstaaten beanspruchen, wenn eines Tages der Krieg um Rohstoffe losgeht. Im Sommerhalbjahr wird die antarktische Küste von Kreuzfahrtschiffen aufgesucht, die sich an strenge Richtlinien halten müssen, um das Ökosystem zu schützen. So dürfen pro Landgang nur eine kleine Anzahl Touristen das Festland betreten. Hier in der Antarktis verstehen die Umweltschützer den Zusammenhang zwischen der Anzahl Menschen und der ökologischen Belastung; geht es aber um Afrika, gelten diese Erkenntnisse nichts mehr. Da kann die Bevölkerung ins Unermessliche wachsen, man bohrt Brunnen und schickt Nahrungsmittel und die Familienplanung ist pfui.

Die Antarktis könnte eines Tages dabei helfen, den Meeresspiegel nicht ansteigen zu lassen. Was die wenigsten Menschen wissen: Der Südpol liegt auf 2835 m ü. d. M. Das antarktische Hochplateau ist ein riesiges Gebiet, wo die Temperaturen auch im Sommer bei − 20 °C liegen. Mit Pumpstationen an der Küste könnte man Meerwasser auf das Hochplateau der Antarktis hochpumpen, wo es über Jahrhunderte und Jahrtausende verbleiben würde, bevor es mit den Gletschern zurück ins Meer gelangt. Das Projekt dürfte Milliarden kosten, aber die Städte in den Küstenregionen wären gerettet.

Bangladesch

Einwohnerzahl in Millionen: 1950: 38; 2010: 151; 2050: 201; 2100: 182.
Fläche: 147 570 km². Bevölkerungsdichte: 1020 E/km².

Bangladesch wurde 1971 unabhängig. Das Land weist eine der höchsten Bevölkerungsdichten der Welt auf. Seit den 1980er-Jahren wird Familienplanung betrieben und das exponentielle Bevölkerungswachstum konnte stark gebremst werden.
Bangladesch ist ein flaches Land und durch den Klimawandel bedroht. Wie stark die Menschen in diesem Land zur Klimaerwärmung beitragen, wird von den meisten Umweltschützern verschwiegen. Meistens werden die Autofahrer und Amerikaner als alleinige Verursacher des Meeresspiegelanstiegs beschuldigt. Der Mensch atmet und produziert dabei 800 g Kohlendioxid pro Tag. Dies entspricht 6 km Autofahrt mit einem Mittelklassewagen. Die Einwohner von Bangladesch produzieren mit ihrer Atmung etwa so viel CO_2 wie 20 Millionen Autos. Der Mensch atmet nicht nur Kohlendioxid aus, sondern auch Wasserdampf und dieser trägt

ebenfalls zur Klimaerwärmung bei. Mit seiner Körpertemperatur strahlt jeder Mensch etwa 100 Watt Wärmeenergie ab, was das Ganze noch schlimmer macht. Wenn die Menschen in Bangladesch über die Klimaerwärmung klagen, dann sollten sie diese durch ihre Bevölkerungszunahme erzeugten Faktoren nicht unter den Tisch wischen. Es ist klar, dass jeder Mensch atmen muss, aber war es wirklich nötig, dass die Bevölkerung von Bangladesch in den letzten 60 Jahren um mehr als 100 Millionen Einwohner zugenommen hat? Die Überbevölkerung führt zu Übernutzung und beschleunigt die Klimaerwärmung.

Belgien

Einwohnerzahl in Millionen: 1950: 8,6; 2010: 11; 2050: 12; 2100: 12.
Fläche: 32 545 km². Bevölkerungsdichte: 342 E/km².

Belgien ist 1830 entstanden. Wie lange dieser Staat noch existieren wird, hängt von der Lösung des Sprachenkonflikts ab. Der Streit zwischen den niederländischsprachigen und französischsprachigen Belgiern lähmt das politische und verwaltungstechnische Leben des Landes. Die Probleme eines mehrsprachigen Landes zeigen sich z. B. in der Armee. In welcher Sprache sollen die Offiziere die Truppen befehligen? Eine zweisprachige Verwaltung macht das Regieren auch nicht einfacher. Die Sprachkonflikte gehen so weit, dass über eine Abschaffung Belgiens und ein Verteilen der Regionen an die Nachbarstaaten diskutiert wird.

Brasilien

Einwohnerzahl in Millionen: 1950: 54; 2010: 195; 2050: 231; 2100: 194.

Fläche: 8 547 404 km^2. Bevölkerungsdichte: 23 E/km^2.

Die erste Besiedlung Brasiliens fand wahrscheinlich vor 12 000 Jahren statt. Als ab 1500 die ersten portugiesischen Seefahrer die Küsten Brasiliens erkundeten, lebten hier viele Stämme. Es gibt nur Schätzungen über die Bevölkerungszahl der Einheimischen, aber das Land war wahrscheinlich dünn besiedelt. Durch eingeschleppte Krankheiten wurde die einheimische Bevölkerung dezimiert, einige Stämme sind ausgestorben.

Am Anfang der Kolonisation spielte das Brasilholz eine große wirtschaftliche Rolle. Es diente zur Herstellung der Farbstoffe für die Textilindustrie. Schon 1605 wurden restriktive Maßnahmen für den Brasilholzeinschlag ergriffen, da dieses durch die Übernutzung knapp geworden war. Im späten 16. Jahrhundert begann man mit dem Zuckerrohranbau, und da dieser arbeitsintensiv ist, mussten Sklaven aus Afrika eingeführt werden.

1825 wurde Brasilien unabhängig von Portugal. Zwischen 1855 und 1905 wanderten mehr als 2 Millionen Europäer nach Brasilien aus. Die Hälfte davon waren Italiener und etwa ein Viertel Portugiesen. 1850 wurde die deutsche Siedlung Blumenau im Süden Brasiliens gegründet. Erst 1888 wurde in Brasilien die Sklaverei abgeschafft. Seit Kolonisationsbeginn war das Land eine multiethnische Gesellschaft, wobei die Europäer das höchste Ansehen genossen. Der versteckte Rassismus ist auch heute noch zu beobachten:

Je edler eine Boutique ist, umso heller ist die Hautfarbe der Verkäuferinnen.

Ein Teil der Bevölkerungszunahme der letzten Jahrzehnte ist direkt in den Elendsvierteln der Großstädte gelandet. Brasilien ist es gelungen, das Bevölkerungswachstum zu verlangsamen, und das ohne drastische Eingriffe in das Privatleben der Bürger wie in China. Der Urwald im Amazonasgebiet wird weiter gerodet, da die Weltbevölkerung immer noch wächst und ernährt werden muss.

Bulgarien

Einwohnerzahl in Millionen: 1950: 7,2; 2010: 7,4; 2050: 5; 2100: 3,5.

Fläche: 110 994 km². Bevölkerungsdichte: 66 E/km².

Ende des 14. Jahrhunderts wurde Bulgarien dem Osmanischen Reich angegliedert. Zahlreiche Türken siedelten sich im Gebiet an und viele Slawen konvertierten zum Islam. Im ersten Balkankrieg 1912 wurde das Osmanische Reich fast ganz aus Europa verdrängt. Viele Muslime verließen in den nachfolgenden Jahren Bulgarien und emigrierten in die Türkei oder andere Länder. Im Jahrzehnt nach dem Zweiten Weltkrieg wanderten etwa 160 000 bulgarische Türken aus. In den 1980er-Jahren wurde die Bulgarisierung des Landes vorangetrieben und mehr als 300 000 Muslime verließen das Land. Der muslimische Bevölkerungsanteil dürfte heute mehr als 10 Prozent betragen.

Bulgarien weist eine extrem niedrige Geburtenrate auf und es wird einer der ersten Staaten Europas sein, der entvölkert wird. Falls das Bevölkerungswachstum in Asien und vor allem in Afrika nicht gestoppt wird, kann man sich leicht vorstellen, wer den leeren Raum eines Tages einnehmen wird. Viele Demografen glauben an Wunder und nehmen in ihren Prognosen an, dass die Geburtenrate irgendwie steigen wird.

China

Einwohnerzahl in Millionen: 1950: 544; 2010: 1359; 2050: 1385; 2100: 1086.
Fläche: 9 572 419 km^2. Bevölkerungsdichte: 141 E/km^2.

Das bekannteste Bauwerk des Landes ist die Chinesische Mauer. Der Bau zog sich über eineinhalb Jahrtausende hin. Der Zweck des Bauwerks war es, die Überfälle der Reiternomaden zu verhindern. Die Chinesische Mauer zeigt, dass die heute in Westeuropa viel gerühmte Willkommenskultur eine historische Utopie ist.

Trotz Hungersnöten hat die Bevölkerung Chinas in den letzten Jahrhunderten stark zugenommen. Mao Zedong (1893–1976) war der Ansicht, dass eine hohe Bevölkerungszahl einem Land große Macht verleiht. Er war nicht sehr gebildet und sah die Welt mit den Augen eines Machtmenschen. Mao Zedong hatte ziemlich sicher auch keine Ahnung vom exponentiellen Wachstum, da ihn das jährliche Bevölkerungswachstum von 3 Prozent zwischen 1963 und 1970 nicht sonderlich gekümmert hat. 1970 hatte China 814 Millionen Einwohner und mit einer jährlichen Zunahme um 3 Prozent hätte China heute 2,9 Milliarden statt 1,4 Milliarden Einwohner. Da schon mit 1,4 Milliarden Einwohnern Chinas Umwelt leidet und in den Städten Smog herrscht, kann man sich das ökologische Desaster mit doppelt so vielen Menschen ausmalen.

Maos Nachfolger haben offenbar die negativen Folgen des exponentiellen Bevölkerungswachstums erkannt und ab 1979 die Ein-Kind-Politik eingeführt. Mit vielen Regeln, Sanktionen und Vergünstigungen wurde die Geburtenrate gesenkt, wobei auch zu rabiaten Mitteln gegriffen wurde und somit die Familienplanung in Verruf gebracht wurde. Gegner der Ein-Kind-Politik behaupten, dass diese dafür verantwortlich ist, dass es weniger Frauen als Männer gibt. Dass weibliche Föten abgetrieben und Mädchen umgebracht werden, hat seine Ursache in der chinesischen Tradition und war keineswegs von den Familienplanern beabsichtigt. China ist kein christliches Land und die Abtreibung sieht man hier etwas lockerer als in Europa oder in den USA.

Die Einwohnerzahl Chinas hat etwa im Jahr 1983 die Milliardengrenze überschritten und das Land ist heute (2015) mit 1,4 Milliarden Einwohnern das bevölkerungsreichste der Erde. Das Maximum der Einwohnerzahl mit 1,5 Milliarden Menschen wird trotz der Ein-Kind-Politik erst zwischen 2030 und 2035 erreicht; danach wird eine Bevölkerungsabnahme stattfinden. Die Ein-Kind-Politik wird schon heute etwas gelockert und in den folgenden Jahrzehnten wird wahrscheinlich die Bevölkerungserhaltung das Ziel sein, denn mit nur einem Nachkommen pro Frau würde sich die Einwohnerzahl etwa alle 35 Jahre halbieren und China hätte im Jahr 2280 nur noch 10 Millionen und 2560 nur noch etwa 42 000 Einwohner – eine Kleinstadt als kümmerlicher Rest eines Weltreiches. Nicht nur die exponentielle Zunahme hat drastische Folgen für eine Bevölkerung, auch die exponentielle Abnahme ist nicht zu unterschätzen.

Wenn Sie in einem fahrenden Auto auf das Gaspedal drücken, fährt das Auto schneller, und wenn Sie auf die Bremse treten, verlangsamt sich die Fahrt. Bei der Demografie geschehen die Vorgänge anders als bei einem Auto und sind darum nicht so einfach zu verstehen. Als man vor mehr als 30 Jahren mit der Ein-Kind-Politik auf die Bevölkerungsbremse getreten ist, hat sich zwar das Bevölkerungswachstum verlangsamt, wird aber erst im Jahr 2030 gestoppt werden. Was für den Laien schwer verständlich ist: In China hat heute eine Frau im Durchschnitt 1,5 Kinder und die Bevölkerung wächst immer noch weiter. Der Grund dafür liegt im Bevölkerungsaufbau, denn die Jahrgänge, in denen eine Frau schwanger werden kann, sind immer noch sehr stark vertreten.

Die Han-Chinesen stellen mit 91,6 Prozent der Bevölkerung die ethnische Mehrheit dar. 55 verschiedene nationale Minderheiten umfassen 8,4 Prozent der Bevölkerung – das sind momentan 106 Millionen Menschen. Diese findet man vor allem in den Grenzregionen. Die bekanntesten sind die Tibeter und die Uiguren in Xinjiang. In beiden Provinzen kommt es immer wieder zu Unruhen und die chinesische Regierung sorgt mit Repressionsmaßnahmen für Stabilität.

China ist wirtschaftlich erfolgreich, und das hat das Land einer straffen Führung zu verdanken, die auch die Kontrolle der Bevölkerungszahl umfasst. In den meisten afrikanischen Ländern ist der Staatsapparat weder willens noch in der Lage, bevölkerungspolitische Maßnahmen durchzusetzen. Das unkontrollierte und schnelle Bevölkerungswachstum ist der Hauptgrund für den wirtschaftlichen Misserfolg vieler Staaten Afrikas.

Dänemark

Einwohnerzahl in Millionen: 1950: 4,2; 2010: 5,5; 2050: 6,3; 2100: 7.
Fläche: 43 098 km². Bevölkerungsdichte: 129 E/km².

Im September 2005 hat die Zeitung *Jyllands-Posten* Mohammed-Karikaturen publiziert und im Januar 2006 kam es deswegen zu Unruhen in einigen moslemischen Ländern. Das war natürlich Wasser auf die Mühlen der rechts stehenden Dänischen Volkspartei, unter deren Mitwirkung die Einwanderungsgesetze verschärft wurden. Auch dieses Beispiel zeigt, dass die Einwanderung von Menschen aus außereuropäischen Ländern nicht ins erhoffte Paradies führt, sondern rechten Parteien neue Wähler bringt.

Eine Zeit lang hatte Dänemark die Oberhoheit über Grönland. Hier leben nur etwa 57 000 Menschen, und weil ihre Zahl so gering ist, ist auch die Natur intakt. Dass Überbevölkerung zu Übernutzung führt, wollen viele Menschen nicht wahrhaben.

Deutschland

Einwohnerzahl in Millionen: 1950: 70; 2010: 83; 2050: 72; 2100: 57.
Fläche: 357 121 km². Bevölkerungsdichte: 229 E/km².

Hitler hat den Zweiten Weltkrieg angezettelt, um Lebensraum im Osten zu gewinnen. Seither ist dieses Wort negativ besetzt, und wer seinen Lebensraum verteidigt, gilt als Rechtspopulist und Rassist. Die Nationalsozialistische Partei hat die Geburten der deutschen Frauen gefördert, um genug Soldaten für die Eroberungsfeldzüge zu haben. Auch hier ziehen viele Menschen falsche Schlüsse: Wer Familienplanung fordert, wird als Nazi beschimpft – der Staat soll sich nicht in die eigene Kinderplanung einmischen. Nach dem Zweiten Weltkrieg wurden etwa 13 Millionen Deutsche aus den Ostgebieten vertrieben. Deutschland wurde von den Siegermächten in vier Besatzungszonen eingeteilt. Aus dem amerikanischen, französischen und britischen Sektor ist Westdeutschland und aus dem sowjetischen Sektor ist die DDR entstanden. Bis 1961 sind etwa 3,5 Millionen Deutsche aus dem sozialistischen Paradies in den kapitalistischen Westen geflohen. Da ein Staat ohne Einwohner nicht existieren kann, wurde 1961 die Berliner Mauer gebaut, denn nur in dieser Stadt konnte man das sozialistische Land problemlos verlassen. Die Mauer wurde von der DDR-Propaganda als „antifaschistischer Schutzwall" bezeichnet – die richtige Bezeichnung wäre gewesen: „Schutzwall gegen die Entvölkerung". Es gelang zwar, die Bevölkerung am Fliehen zu hindern, aber nun kam es zum Bevölkerungsschwund durch die niedrige Geburtenrate. Die DDR-Führung hat verschiedene Maßnahmen ergriffen, um diese zu erhöhen: zinslose Kredite für junge Ehepaare und nur teilweise Rückzahlung je nach Zahl der geborenen Kinder, Prämien für die Geburt, Kindergeld, Subventionierung der Kindergüter, erhöhte Urlaubsansprüche, vorrangige Versorgung mit Wohnraum etc. Da vor allem Akademikerinnen kinderlos bleiben, hat man den Studentinnen mit dem Kindergeld ein sorgloses Studium ermöglicht. Nach dem Zusammenbruch der DDR ging die Geburtenrate kurzzeitig auf sagenhafte

0,77 Kinder pro Frau zurück, da die finanzielle staatliche Unterstützung für Kinder nicht mehr ausbezahlt wurde.

Westdeutschland hat nach dem Zweiten Weltkrieg einen wirtschaftlicher Aufschwung und ab Mitte der 1950er-Jahre bis 1965 einen Babyboom erlebt. Im Jahr 1965 bekam eine Frau 2,5 Kinder. Bis 1975 ist diese Zahl auf 1,4 Kinder pro Frau gesunken und stagniert seither auf niedrigem Niveau. Dieser demografische Wandel ist eine große Herausforderung für die Funktionsfähigkeit der Sozialversicherungssysteme. Leider erkennen weder die Bürger noch die meisten Politiker die langfristigen Folgen der niedrigen Geburtenrate. Sie stellen zwar die Frage, wer die Renten bezahlen soll, sehen aber nicht das wirklich wichtige Problem: Die Deutschen sterben aus! Da die Politiker nicht in der Lage sind, die Geburtenrate zu erhöhen, setzen sie auf die bequemste Lösung – den Bevölkerungsaustausch durch Einwanderung.

Das Wirtschaftswunder hat zu einem Arbeitskräftemangel geführt, und so wurde 1961 ein Anwerbeabkommen mit der Türkei unterzeichnet – einem Land, wo die meisten Einwohner dem Islam angehören. Die Wirtschaft hat billige Arbeitskräfte gebraucht und diese wurden in Anatolien gefunden. Die Schreibtischtäter haben sich ein Rotationsprinzip der Arbeitskräfte ausgedacht, aber statt zurück in die Türkei zu fahren, haben die Gastarbeiter ihre Familien nachgeholt. Als die Wirtschaft etwas an Fahrt verlor, wurde 1973 ein Anwerbestopp beschlossen. Dieses Beispiel zeigt einmal mehr: Die wahre Macht liegt bei den Wirtschaftsführern und nicht bei den Politikern. Die Großfirmen und das Kapital bestimmen über die Einwanderung eines Staates. Wenn Politiker sagen: „Der Islam gehört zu Deutschland", dann müssten sie den Satz vervollständigen mit der Aussage:

„Weil wir Politiker die Handlanger der Wirtschaft sind und diese billige Arbeitskräfte gebraucht hat – egal von wo diese kommen." So wie dem Galeerenbesitzer egal ist, woher die rudernden Sklaven stammen, so ist es dem Großkapitalisten egal, woher die Arbeiter am Fließband kommen – Hauptsache, der Profit stimmt. Der deutschen Wirtschaft der Gewinn – den Städten die Moscheen, die Gettos und die sozialen Probleme. Vielleicht wird Deutschland schon im nächsten Jahrhundert ein islamisches Land sein, und das nur, weil die Wirtschaft in den 1960er-Jahren billige Arbeitskräfte gebraucht hat.

Nicht geborene Kinder haben im Gegensatz zur Wirtschaft keine Lobby. Ein Politiker muss keine Angst haben vor Kindern, die nicht geboren wurden, denn sie können ihn nicht abwählen. Die Rentner hingegen stellen eine große Wählergruppe dar, die man nicht vernachlässigen darf, will man die Wahl gewinnen. Da der Politiker nur bis zur nächsten Wahl denkt, sind ihm die langfristigen Folgen einer niedrigen Geburtenrate für seinen Staat egal. In 20 Jahren sind die meisten der heutigen Rentner tot, aber trotzdem investiert man sehr viel in diese Bevölkerungsgruppe – dabei sind die Kinder die Zukunft eines Landes. Wenn ein Land mehr Geld in Pflegeheime als in Kindergärten investiert, bedeutet das langfristig den Untergang der einheimischen Bevölkerung.

Seit Herbst 2014 organisiert die Pegida (Patriotische Europäer gegen die Islamisierung des Abendlandes) vor allem in Dresden wöchentliche Protestmärsche. Die Teilnehmer skandieren dabei: „Wir sind das Volk!" Eigentlich sollten sie schreien: „Wir sind das aussterbende Volk!" Viele Bürger nehmen an Märschen teil, weil sie merken, wie sie von den Einwanderern langsam aus dem Lebensraum gedrängt werden. Die meisten Medien und Politiker stellen sich gegen die Pegida und sehen die Protestierenden als einen ausländerfeindlichen, rechtsextremen Haufen. Gleichzeitig zu den Pegida-Märschen werden Gegendemonstration veranstaltet, wo die Teilnehmer politisch korrekte „Lieber bunt statt braun"-Plakate tragen. Die Bunte-Welt-Verfechter verkennen die Realität und sollten alle ihre vielen Farbstifte bis auf einen – den schwarzen – wegwerfen. Da die größte Bevölkerungszunahme in den Ländern südlich der Sahara stattfindet, wird die Welt eines Tages nur von Menschen mit schwarzer Hautfarbe bevölkert sein, wenn dieses Bevölkerungswachstum nicht gestoppt wird. Einmal mehr zeigt die Praxis, dass die unkontrollierte Einwanderung zur Spaltung der Gesellschaft führt.

Auch Bundeskanzlerin Angela Merkel hat die Pegida kritisiert und die Aussage bekräftigt, dass der Islam zu Deutschland gehört. Helmut Kohl wird als *Kanzler der Wiedervereinigung* in die Geschichte eingehen; Frau Merkel wird als *Kanzlerin des Bevölkerungsaustausches* in die Geschichtsbücher eingehen. Sie wird zwar von den Medien als die mächtigste Frau der Welt bezeichnet, aber sie ist nicht in der Lage, die Geburtenrate der Deutschen zu erhöhen. Weil die Wirtschaft Arbeitskräfte braucht und die Deutschen zu wenige liefern, werden laufend Menschen importiert und dabei die Bevölkerung ausgetauscht. Frau Merkel ist bekannt dafür, Probleme auszusitzen. Leider kann man das Problem einer niedrigen Geburtenrate nicht aussitzen. Es verschwindet nicht das Problem, sondern die einheimische Bevölkerung.

In Deutschland leben momentan etwa 81 Millionen Menschen; 74 Millionen Deutsche und 7 Millionen Ausländer. In einem Gedankenexperiment möchte ich die Zahl der Gesamtbevölkerung stabil lassen und nur das Zahlenverhältnis zwischen den Deutschen und den Ausländern betrachten. Alle 60 Jahre halbiert sich wegen der niedrigen Geburtenrate die Anzahl der Deutschen. Da die Gesamtbevölkerung konstant bleibt, müssen die fehlenden Einheimischen durch Ausländer ersetzt werden. Im Jahr 2075 leben demnach 37 Millionen Deutsche und 44 Millionen Ausländer in Deutschland. Schon sehr bald werden die Deutschen eine Minderheit im eigenen Land sein. Die Politiker werden das natürlich vermeiden, indem sie Millionen von Ausländern einbürgern werden. Wenn wir weiter in die Zukunft schauen, stellen wir fest, dass im Jahr 2255 nur noch 4,6 Millionen Deutsche hier leben und die restlichen 76,4 Millionen aus dem Ausland kommen. Im Jahr 2615 werden alle Deutschen Platz in einem Fußballstadion haben – da gibt es nur noch 72 266 von ihnen. Im Jahr 2975 werden nur noch 1 129 Deutsche am Leben sein. Die Organisationen, die sich für bedrohte Völker einsetzen, können dann die Deutschen in ihr Inventar aufnehmen.

In Deutschland haben die Umweltschützer einen großen Einfluss auf die Politik. Durch ihren grünen Tunnel sehen sie nur das CO_2 und den Klimawandel und haben mit ihren Machtspielen und Scheinlösungen die Energiewende durchgedrückt, die Milliarden kostet und dadurch die Geburtenrate der Deutschen sicher nicht erhöhen wird. Eine aussterbende Bevölkerung braucht keine Windräder, sondern Kindertagesstätten. Was mit der Windenergie an Kohlendioxid eingespart wird, werden die Menschenmassen Asiens und Afrikas locker mit ihrer Atmung wettmachen. Die 1,3 Milliarden Einwohner Indiens produzieren mit ihrer Atmung jeden Tag 1,04 Million Tonnen CO_2. Da jeder Mensch pro Tag 20 000 Mal ausatmet, sind das mit jedem einzelnen Atemzug aller Inder 52 Tonnen CO_2. Der grüne Kohlendioxidzirkus dient der Profilierung der Umweltschützer, und solange die Weltbevölkerung zunimmt, ist die deutsche Energiewende reine Geldverschwendung. Deutschland braucht keine Energiewende – Deutschland braucht eine Bevölkerungswende!

Eritrea

Einwohnerzahl in Millionen: 1950: 1,14; 2010: 5,7; 2050: 14,3; 2100: 21,7.
Fläche: 121 144km². Bevölkerungsdichte: 51 E/km².

Eritrea war ein Teilstaat Äthiopiens, der nach Befreiungskriegen 1993 unabhängig wurde. Die Schweiz mit ihrer toleranten Asylpolitik übt eine Sogwirkung auf die Flüchtlinge aus Eritrea aus. Es leben schon mehr als 20 000 Eritreer hier; mehr als 90 Prozent davon leben von der Sozialhilfe und einen Teil dieser Unterstützungsgelder schicken sie in ihre Heimat. Eritrea erhebt bei ihren in die Schweiz geflohenen Staatsbürgern Steuern, da es auf Devisen angewiesen ist. Viele Flüchtlinge reisen in ihre Heimat, obwohl sie dadurch ihren Asylstatus verlieren könnten. Hier hilft der eritreische Staat mit Zusatzdokumenten – gegen Gebühren und Annahme von Schmiergeldern –, damit den Schweizer Behörden die Reisen nicht auffallen. Für Eritrea ist das europäische Asylwesen ein lohnendes Geschäftsmodell. Man macht den Europäern den Vorwurf, dass sie die Rohstoffe Afrikas plündern, aber Eritrea ist ein Beispiel dafür, wie ein afrikanischer Staat die Sozialwerke eines europäischen Landes plündert.

Die europäischen Kolonisatoren waren darauf aus, in ihren Zielländern Beute zu machen. Sie suchten nach Rohstoffen und nutzten die einheimische Bevölkerung aus. Heute hat dieses Beutemachen die geografische Richtung geändert. Eritrea hat in der Schweiz eine Kolonie mit ihren Staatsbürgern etabliert, die auf Kosten der Einheimischen leben und ihnen den Lebensraum wegnehmen. Da in den Köpfen der Europäer das Dogma „Es ist unmenschlich, den Flüchtlingen nicht zu helfen" eingepflanzt wurde, erkennen sie die wahren Zusammenhänge nicht. Die Hilfsindustrie redet auch gerne von traumatisierten Flüchtlingen, aber die Mehrheit hat sich auf den Weg nach Europa gemacht, um ein besseres Leben zu finden. Ich habe mit zwei Mitarbeitern der Asylindustrie gesprochen: Der eine hat gekündigt, weil er die Lügengeschichten und Tricksereien der Asylanten nicht mehr ausgehalten hat, der andere hat auf meine Frage nach den echten Flüchtlingen nur gelacht und gemeint: „In unserem Asylantenheim haben wir keine, die meisten nützen nur das System aus."

Die Schweizer Gemeinde Hagenbuch in der Nähe von Winterthur hat 2014 eine eritreische Flüchtlingsfamilie aufgenommen. Da die kinderreiche Familie nicht integrierbar ist und fast rund um die Uhr umsorgt werden musste, sind pro Monat Sozialkosten von 60 000,– Schweizer Franken entstanden – etwa so viel verdient ein Schweizer im Jahr. Die verschiedenen Behörden streiten darüber, wer die Kosten übernehmen soll. Die Betreuungsindustrie wünscht sich natürlich noch mehr solche Problemfälle, denn die Töpfe mit Steuergeldern sind noch voll – da gibt es noch viel zu tun.

Finnland

Einwohnerzahl in Millionen: 1950: 4; 2010: 5,3; 2050: 5,7; 2100: 5,7.

Fläche: 338 144 km². Bevölkerungsdichte: 16 E/km².

Viele Laien behaupten, dass man für Wirtschaftswachstum Bevölkerungswachstum braucht. Das Beispiel Finnland zeigt, dass man Wohlstand mit einer stabilen Bevölkerung erreichen kann. Einige afrikanische Länder verdoppeln ihre Bevölkerungszahl alle 35 Jahre und es geht ihnen trotz des Bevölkerungswachstums nicht besser als den Finnen. Wenn die Voraussagen der UNO zutreffen, wird sich die Einwohnerzahl Finnlands bis Ende dieses Jahrhunderts nicht groß ändern. In vielen afrikanischen Ländern wird sich im gleichen Zeitraum die Einwohnerzahl verfünffachen, und das ist die Garantie dafür, dass die Armut nicht verschwinden wird.

1995 wurde die Partei *Wahre Finnen* gegründet. Sie ist europaskeptisch und tritt für eine Verschärfung des Asylrechts ein. Obwohl die Partei als rechtspopulistisch verschrien ist, konnte sie in den letzten Jahren Wahlerfolge feiern. Ein Phänomen, das in vielen Ländern Europas beobachtet werden kann: Mit den Asylanten kommt der politische Rechtsrutsch.

Frankreich

Einwohnerzahl in Millionen: 1950: 41; 2010: 63; 2050: 73; 2100: 79.

Fläche: 543 965 km². Bevölkerungsdichte: 120 E/km².

Die Religionen haben auch in Frankreich eine Blutspur hinterlassen und haben zu Unruhen, Massenmorden und Kriegen geführt. Während in Deutschland die Reformation von Luther beeinflusst wurde, orientierten sich die französischen Protestanten (Hugenotten) an den Lehren Calvins. In der Nacht vom 23. zum 24. August 1572 (Bartholomäusnacht) wurde in Paris ein Massaker an Hugenotten verübt. In verschiedenen Gesetzeserlassen wurde der protestantische Glaube mal akzeptiert, dann wieder verfolgt. Um das Jahr 1685 verließen mehr als 200 000 Hugenotten ihre Heimat und wanderten in verschiedene Länder aus (Deutschland, England, Niederlande, Schweiz, Nordamerika etc.). Da sehr viele dieser Emigranten Kenntnisse und auch Geld mitbrachten, waren sie für das Zielland eine wirtschaftliche Bereicherung und ihre Integration bereitete in den Aufnahmeländern wenige Probleme. Aus dieser gelungenen Auswanderung ziehen heute viele Multikulturalisten falsche Schlüsse und glauben, dass die Einwanderung aus Entwicklungsländern genauso erfolgreich sein wird. Man vergisst aber, dass die meisten der heutigen Immigranten aus einem komplett anderen kulturellen und religiösen Raum kommen, über eine geringe schulische und berufliche Bildung verfügen und die wenigsten ein Vermögen mitbringen, sondern die Sozialwerke der Zielländer belasten.

1830 begann Frankreich mit der Eroberung Algeriens und 1848 wurde das Land zum französischen Territorium erklärt, nach dem Invasoren-Motto: Wo Franzosen leben, da ist Frankreich. Die Zahl der Siedler wuchs im Laufe der Zeit und betrug 1954 fast eine Million Menschen. Es kam immer wieder zu Aufständen, die von den Franzosen niedergeschlagen wurden. 1954 begann der Krieg um die Unabhängigkeit Algeriens, die 1962 erreicht wurde. Die meisten französischen Siedler verließen daraufhin das Land und kehrten nach Frankreich zurück. Mit ihnen flohen auch die profranzösischen Algerier. Heute noch ist Algerien ein bedeutendes Herkunftsland der Migranten in Frankreich. Viele leben in trostlosen Vorstädten, wo eine hohe Arbeitslosigkeit herrscht und einzig die Hoffnungslosigkeit blüht. Das Produkt der gescheiterten Integration waren die Unruhen im Jahr 2005 in vielen französischen Städten, an denen vorwiegend nordafrikanische Jugendliche beteiligt waren.

Griechenland

Einwohnerzahl in Millionen: 1950: 7,6; 2010: 11; 2050: 10,6; 2100: 9,4.
Fläche: 131 957 km^2. Bevölkerungsdichte: 86 E/km^2.

Schon viele Jahrhunderte vor unserer Zeitrechnung haben Griechen an vielen Küsten Kolonien gegründet. Alexander der Große hat ein riesiges Reich beherrscht. 1453 wurde Konstantinopel erobert, und damit begann auch die Zeit der türkischen Herrschaft in Griechenland. Es kam zu Freiheitskämpfen mit Massenmorden auf beiden Seiten und 1822 wurde ein erster griechischer Staat geschaffen. In den Balkankriegen ab 1912 wurde ein großer Teil des südosteuropäischen Territoriums dem Osmanischen Reich entrissen. Es kam zu Vertreibungen, um eine ethnische Homogenität im jeweiligen Gebiet zu schaffen. Die Minderheiten wurden als Bedrohung angesehen, da sie den inneren Zusammenhalt des Staates störten, und zudem waren sie ein Vorwand für Gebietsansprüche der Nachbarländer.

Nach dem griechischen Feldzug gegen Türkei 1921/22 wurde 1923 ein Abkommen über einen griechisch-türkischen Bevölkerungsaustausch unterzeichnet. Als Kriterium für nationale Zugehörigkeit wurde nicht die Sprache, sondern die Religion zugrunde gelegt. Etwa 1,5 Millionen Griechen zogen weg aus der Türkei, im Gegenzug verließen 400 000 Muslime Griechenland.

Ab 1850 begann die Auswanderung der Griechen vor allem in die USA und nach Australien. Nach dem Zweiten Weltkrieg wanderten viele Griechen nach Westeuropa aus. Udo Jürgens hat diese Auswanderung in seinem Lied „Griechischer Wein" thematisiert. Etwa 280 000 Griechen leben in Deutschland. Seit der Finanzkrise 2008 wandern viele Griechen aus, weil sie in ihrem Land keine Stelle finden. Gleichzeitig strömen viele illegale Einwanderer aus Asien und Afrika ins Land, was zu sozialen und politischen Spannungen führt. Rechtsextreme Parteien wie die „Goldene Morgenröte" haben einige Wahlerfolge verbuchen können. Die Griechen wandern aus und die Asiaten und die Afrikaner wandern ein. Vielleicht wird in diesem und im nächsten Jahrhundert die Bevölkerung Griechenlands komplett ausgetauscht.

Großbritannien

Einwohnerzahl in Millionen: 1950: 50; 2010: 62; 2050: 73; 2100: 77.
Fläche: 242 910 km^2. Bevölkerungsdichte: 260 E/km^2.

Zwischen dem Wiener Kongress 1815 und dem Ersten Weltkrieg befand sich Großbritannien auf dem Höhepunkt der Macht. Nach dem Zweiten Weltkrieg wurden die meisten Kolonien aufgegeben und der Einfluss dieses ehemaligen Weltreiches schrumpfte immer mehr. Es begann eine Einwanderung nach Großbritannien aus den ehemaligen Kolonien, was schon bald zu Rassenunruhen und politischen Spannungen führte – deshalb wurde 1962 die Einwanderung aus dem Commonwealth eingeschränkt.

Enoch Powell (1912–1998) hielt 1968 eine umstrittene Rede, in der er vor der ungebremsten Zuwanderung warnte und dabei den Ausdruck „Ströme von Blut" gebrauchte, was einen Aufschrei der Empörung ausgelöst und seine politische Karriere beendet hat. Leider sind seine pessimistischen Vorhersagen wahr geworden. 2005 floss Blut in den Straßen von London, da islamische Selbstmordattentäter mehrere Anschläge auf die öffentlichen Verkehrsmittel verübten hatten, wobei 52 Zivilisten getötet wurden. 3 Attentäter waren Nachkommen pakistanischer Einwanderer und einer war ein Konvertit aus Jamaika – ein Massaker als kulturelle Bereicherung. 2011 kam es zu Rassenunruhen, als ein Einwanderer bei der Verhaftung erschossen wurde, weil er einem Beamten die Waffe entreißen wollte. Es kam zu Plünderungen und in verschiedenen Städten wurden ganze Straßenzüge in Brand gesteckt. 2013 wurde Lee Rigby, ein Soldat der britischen Armee, auf offener Straße von zwei Islamisten abgeschlachtet. Auch hier floss Blut, womit leider die Thesen von Enoch Powell bestätigt wurden.

Im Jahr 2003 machten britische Beamte im Rahmen der europäischen Grenzöffnung die Voraussage, dass nicht mehr als 13 000 Menschen pro Jahr aus Osteuropa einwandern werden. In den folgenden fünf Jahren sind aber nicht 65 000 eingewandert, sondern eine Million Menschen. Als Folge der unkontrollierten Einwanderung hat die europakritische UKIP (United Kingdom Independence Party) in letzter Zeit Wahlerfolge gefeiert.

Haiti

Einwohnerzahl in Millionen: 1950: 3,2; 2010: 9,8; 2050: 14,3; 2100: 14,8.
Fläche: 27 750 km^2. Bevölkerungsdichte: 365 E/km^2.

Die Geschichte Haitis ist etwas verworren, da verschiedene Kolonialmächte ihre Finger im Spiel hatten. Zur Zeit der Entdeckung durch die Spanier war die Insel Hispaniola besiedelt. Die Ureinwohner lebten vorwiegend in den Ebenen und betrieben Landwirtschaft. Ihre Zahl wird zwischen 200 000 und 1 Million geschätzt. Diese Urbevölkerung wurde fast vollständig ausgerottet. In der Frühphase der Kolonisation war der Goldabbau der wichtigste Wirtschaftszweig, später wurde Zuckerrohr angebaut und zu diesem Zweck wurden Sklaven aus Afrika eingeführt – es fand also ein Bevölkerungsaustausch statt. Nach den Spaniern kamen die Franzosen als neue Kolonialherren. Die Wälder wurden noch mehr gerodet, da man das Holz für den Schiffsbau und für die Holzkohle brauchte. Heute existieren nur noch Restbestände des ursprünglichen Urwaldes, und wegen der hohen Bevölkerungsdichte wird sich die Situation nicht verbessern. Seit 1950 hat sich die Bevölkerung verdreifacht und die ökologischen Probleme sind dadurch nur noch größer geworden. Heute besteht die Mehrheit der Bevölkerung Haitis aus den Nachkommen der afrikanischen Sklaven.

Der Agrarsektor hat die Grenzen der Leistungsfähigkeit erreicht und Hunger ist in diesem Land kein Unbekannter. 2008 stiegen die Nahrungsmittelpreise; es kam zu Hungerrevolten und die Regierung wurde gestürzt. Momentan wächst die junge Bevölkerung weiter, aber man hofft, dass man in diesem Jahrhundert die Bevölkerungszahl stabilisieren kann. Falls dies nicht gelingt, wird es zu weiteren Hungersnöten und einer Auswanderungswelle kommen.

2010 kam es in Haiti zu einem Erdbeben, bei dem mehr als 200 000 Menschen starben. Viele meinen, dass durch solche Katastrophen die Weltbevölkerung abnimmt. Da ja die tägliche Zunahme der Weltbevölkerung etwa der Zahl der Todesopfer in Haiti entspricht, muss man sachlich feststellen, dass die globale Bevölkerungszunahme durch dieses Erdbeben für einen einzigen Tag gestoppt wurde – am nächsten Tag wuchs die Weltbevölkerung wie gewohnt weiter.

Indien

Einwohnerzahl in Millionen: 1950: 376; 2010: 1206; 2050: 1620; 2100: 1547.
Fläche: 3 287 263 km^2. Bevölkerungsdichte: 378 E/km^2.

Indien war eine britische Kolonie, bis es am 15.8.1947 aus der Fremdherrschaft entlassen wurde. Die ganze Region musste aus religiösen Gründen zwischen Indien und Pakistan aufgeteilt werden, wobei eine problemlose und gerechte Grenzziehung fast unmöglich war. Es kam zu Zusammenstößen zwischen Hindus und Muslimen, und Millionen von Flüchtlingen strömten von einem Land ins andere. Indien und Pakistan streiten noch heute um die Grenzen in der Region Kaschmir.

In den 1970er-Jahren hat man versucht, das rasante Bevölkerungswachstum in den Griff zu bekommen. Bei der Geburtenkontrolle setzte man auf freiwillige Sterilisation, aber im Gegensatz zu China war die Kampagne weniger erfolgreich. Momentan wächst die Bevölkerung Indiens jeden Monat um etwa 1,3 Millionen Menschen. Etwa im Jahr 2030 wird Indien das bevölkerungsreichste Land der Welt sein und wird damit China überholen, denn hier hat sich dank der Ein-Kind-Politik das Bevölkerungswachstum verlangsamt.

Indien leidet an einem Männerüberschuss, da schwangere Frauen so oft abtreiben, bis ein Knabe geboren ist. An der ganzen Misere ist die Tradition schuld, denn Frauen müssen oft eine hohe Mitgift in die Ehe mitbringen.

Im Jahr 1950 haben in Indien 376 Millionen Menschen gelebt. Heute verrichten 600 Millionen Inder ihre Notdurft im Freien – welchen Fortschritt die Bevölkerungszunahme doch bringt. Viele Europäer denken an Computerspezialisten, wenn man Indien erwähnt, aber man sollte eher an Millionen von Menschen denken, die entlang der Eisenbahngeleise und am Waldrand ihre Toilettengeschäfte verrichten.

Indonesien

Einwohnerzahl in Millionen: 1950: 73; 2010: 240; 2050: 321; 2100: 315.

Fläche: 1 912 988 km^2. Bevölkerungsdichte: 127 E/km^2.

In Indonesien wird jeden Tag Urwald gerodet und in Palmölplantagen umgewandelt. Da das Palmöl von Menschen gebraucht wird und es jedes Jahr 80 Millionen mehr auf der Welt gibt, wird man wahrscheinlich so weitermachen, bis der letzte Baum gefällt wurde. Viele Umweltschutzorganisationen beklagen diesen Zustand, aber das globale Bevölkerungswachstum erwähnen sie auf ihren Webseiten mit keinem Wort. In den Urwäldern Indonesiens lebt der Orang-Utan, und wenn der Urwald verschwunden ist, werden auch die Orang-Utans verschwinden.

Iran

Einwohnerzahl in Millionen: 1950: 17; 2010: 74; 2050: 100; 2100: 94.

Fläche: 1 648 000 km^2. Bevölkerungsdichte: 45 E/km^2.

1986 betrug das Bevölkerungswachstum im Iran sagenhafte 3,9 Prozent. Den Politikern wurde klar, dass die Wirtschaft mit diesem Wachstum nicht Schritt halten kann. Nach dem Tod Chomeinis wurden 1989 Familienplanungsprogramme gestartet. Es gab kostenfreie Verhütungsmittel und das Ziel war, dass eine Familie höchstens zwei Kinder hat. Falls ein drittes Kind auf die Welt kam, wurden die Sozialleistungen gestrichen. Innerhalb einer Generation gelang es der Politik, die Geburtenrate drastisch zu senken. Dieses Beispiel zeigt, dass sich die Bevölkerungszahl regulieren lässt, aber dazu braucht es einen funktionierenden Staat und einen politischen Willen. Das Beispiel Iran lässt sich darum nicht auf Afrika übertragen, da dort in den meisten Ländern keine funktionierende Verwaltung existiert.

Momentan befindet sich der Iran im Konflikt mit den USA und Israel wegen des Baus einer Atombombe. In Krisenzeiten kommen Politiker auf die Idee, die Einwohnerzahl ihres Landes zu erhöhen – so auch im Iran. Familienplanungsprogramme sollen wieder abgeschafft werden mit dem Ziel, die Bevölkerungszahl Irans auf 150 bis 200 Millionen zu erhöhen. Die langfristigen Bevölkerungsprognosen der UNO sind ähnlich einer Wetterprognose für den übernächsten Monat. Einige Politiker können alles über den Haufen werfen.

Irland

Einwohnerzahl in Millionen: 1950: 2,9; 2010: 4,4; 2050: 5,9; 2100: 6,6.

Fläche: 70 273 km^2. Bevölkerungsdichte: 64 E/km^2.

Irland kann als Paradebeispiel dafür dienen, was rasches Bevölkerungswachstum und die Überbevölkerung in einem Land anrichten können. 1660 lebten in Irland etwa eine halbe Million Menschen, 1788 waren es 3,75 Millionen und bis 1821 stieg die Einwohnerzahl auf 6,8 Millionen. Die Frauen bekamen wie heute in einem Entwicklungsland schon früh Kinder, und so zählte man 1841 mehr als 8 Millionen Einwohner.

Die Kartoffel war das wichtigste Grundnahrungsmittel und hat dieses starke Bevölkerungswachstum ermöglicht. Als in den Jahren 1845 bis 1848 ein Pilz die Kartoffelernte vernichtete, kam es zur großen Hungersnot. In diesen Jahren sind etwa eine Million Iren verhungert und etwa 1,5 Millionen Menschen sind ausgewandert – vorwiegend in die USA, wo sie den Indianern den Lebensraum streitig gemacht haben. Nach der Hungersnot zeigten die Iren ein geändertes Verhalten: Sie heirateten später und zeugten weniger Kinder. Trotzdem mussten auch nach der Hungersnot noch viele Iren auswandern. Heute hat Irland eine Geburtenrate von etwa 2 Kindern pro Frau. Das zukünftige Bevölkerungswachstum dürfte durch Einwanderung zustande kommen.

Auch ohne den Schädling, der die Kartoffeln befallen hat, wäre es in Irland irgendwann zu einem Desaster gekommen, denn die landwirtschaftlichen Erträge lassen sich nicht beliebig steigern. Das, was in Irland geschehen ist, geschieht heute in vielen Entwicklungsländern. Da die Menschen nicht willens sind, eine Geburtenkontrolle zu betreiben, bleibt ihnen nur der Hungertod oder die Flucht in ein reiches Land. In Irland hatten wir es damals mit 8 Millionen Menschen zu tun, aber heute leben in den Ländern südlich der Sahara 120-mal so viele Menschen und die Bevölkerung wächst weiter.

Island

Einwohnerzahl in Tausend: 1950: 143; 2010: 318; 2050: 415; 2100: 413.

Fläche: 103 000 km². Bevölkerungsdichte: 3 E/km².

Da in Island nur wenige Menschen leben, ist in der obigen Tabelle die Einwohnerzahl in Tausend angegeben.

Man hat auf Island römische Münzen gefunden, die wahrscheinlich von Wikingern dorthin gebracht wurden. Die Jahre 870 bis 930 werden in der Geschichte Islands als Landnahmezeit bezeichnet. Offenbar war Island damals nicht von Menschen besiedelt und es gab somit keine einheimische Bevölkerung, die man umbringen oder vertreiben musste. 1801 lebten in Island 47 000 Menschen. Ab 1855 begann eine Auswanderung nach Nordamerika. Im Jahr 1876 wanderten 1 190 Isländer aus, weil ein Vulkanausbruch Teile des Landes mit einer Ascheschicht bedeckt hatte. Von 1870 bis 1914 sind etwa 15 Prozent der isländischen Bevölkerung ausgewandert. Obwohl die Bevölkerungsdichte niedrig ist, bietet das Land nicht vielen Menschen ein Auskommen, was einmal mehr zeigt, dass die Da-hat-es-noch-viel-Platz-Theorie nicht viel taugt.

Ein wichtiger Wirtschaftszweig Islands ist die Fischerei. Wenn jeder der 7,3 Milliarden Menschen eine Mahlzeit von 200 g Fisch verspeist, muss man 146 000 Kühlwagen mit Fisch beladen (angenommen, jeder fasst 10 Tonnen). Die Lastwagenkolonne wäre 1 460 km lang, falls jeder Kühlwagen 10 m lang ist. Wohlgemerkt, es handelt sich um eine einzige Mahlzeit. Falls Sie das Kapitel „Die Milliarde" am Anfang des Buches noch nicht gelesen haben, sollten Sie es jetzt nachholen. Da viele Meere überfischt sind, haben Fischereiboote vom europäischen Festland rund um Island Fisch gefangen, worauf Island seine Hoheitszone 1958 auf 12 Meilen ausgedehnt hat. Britische Trawler wurden darauf von Militärschiffen beschützt – ein schönes Beispiel vom Kampf ums Essen. 1972 wurde die Hoheitszone auf 50

Meilen und 1975 auf 200 Meilen ausgedehnt. Island ist zwar menschenleer, wird aber von der Überbevölkerung der Welt nicht verschont, denn die Überfischung der Meere ist durch Milliarden von Menschen auf anderen Kontinenten verursacht.

Israel

Einwohnerzahl in Millionen: 1950: 1,2; 2010: 7,4; 2050: 11,8; 2100: 15.
Fläche: 20 991 km². Bevölkerungsdichte: 377 E/km².

Israel ist ein gutes Beispiel, wie der Kampf um Lebensraum eskalieren kann. Die Region gehörte früher zum Osmanischen Reich und wurde später britisches Protektorat. Jüdische Einwanderer haben Arabern Land abgekauft, um sich hier anzusiedeln. Von 1919 bis 1931 wanderten ca. 120 000 Juden nach Palästina aus und der arabische Widerstand gegen die Neuankömmlinge wurde immer größer. England gab das Mandat 1947 ab und 1948 wurde nach einer Abstimmung in der UNO der Staat Israel proklamiert, worauf es zum ersten Krieg des neu entstandenen Landes mit den arabischen Nachbarstaaten kam. Etwa 900 000 Palästinenser flohen in der trügerischen Annahme, dass sie nach einigen Wochen zurückkehren würden.

Seit der Gründung Israels gab es etliche Kriege und Terroranschläge. Einer der hinterhältigsten war der palästinensische Anschlag auf die israelische Mannschaft bei den Olympischen Spielen in München 1972. In der Geschichte sind viele Völker vertrieben worden, aber ich glaube, keines hat mit jahrzehntelangem Terror darauf reagiert, wie die Palästinenser es heute noch tun. Nach dem Zweiten Weltkrieg sind etwa 13 Millionen Deutsche vertrieben worden. Sie haben sich am neuen Ort ein neues Leben aufgebaut und haben nicht ihre Hauptbeschäftigung in Terror und Bombenanschlägen gesucht. Wenn sich alle Vertriebenen wie die Palästinenser verhalten würden – die Welt wäre ein Schlachthaus. Die Europäer sind die zukünftigen Palästinenser. Wie friedlich sie sich bei ihrer Verdrängung aus dem Lebensraum verhalten werden, wird die Zukunft zeigen.

Man kämpft in der Region nicht nur um Lebensraum – man kämpft auch um Wasser. Der Jordan liefert das ganze Jahr Wasser für die Städte und die Landwirtschaft, und durch die ständige Wasserentnahme ist er zu einem Rinnsal verkommen. Da die Bevölkerung Israels weiter wächst, werden die Wasserprobleme zunehmen. Durch die ständige Wasserentnahme sinkt der Wasserspiegel des Toten Meeres.

Im Gazastreifen leben heute etwa 1,8 Millionen Menschen. Die Bevölkerungsdichte ist mit etwa 5000 Menschen pro km^2 extrem hoch. Die Geburtenrate ist eine der höchsten der Welt und die Zukunft verspricht nichts Gutes, da die Wasserprobleme schon heute schwer zu lösen sind. Die Lösung für viele ökologische Probleme in dieser Region wäre eine Kontrolle und Limitierung der Einwohnerzahl, wie es einige Länder vorgezeigt haben.

Italien

Einwohnerzahl in Millionen: 1950: 46; 2010: 60; 2050: 60; 2100: 54.

Fläche: 301 336 km². Bevölkerungsdichte: 202 E/km².

Italien ist ein Gegenbeispiel zu Jugoslawien. Es gibt zwar ein Nord-Süd-Gefälle und etliche Dialekte, aber man kann doch vereinfacht sagen, dass nur eine Sprache und nur eine Religion dominieren. Eine ethnisch und religiös einheitliche Bevölkerung ist der beste Garant gegen den Zerfall eines Staates. Heute wird diese Homogenität durch die Zuwanderung aus Afrika durcheinandergebracht.

Seit der Gründung Italiens im Jahr 1861 bis 1960 sind etwa 25 Millionen Italiener vor allem nach Übersee ausgewandert. Der Hauptgrund der Emigration war die Armut der ländlichen Bevölkerung, und diese wurde durch die Überbevölkerung verursacht, denn ein Grundstück kann nicht beliebig viele Kinder ernähren. Diese Geschichte wiederholt sich momentan in vielen Entwicklungsländern. Kinderreichtum führt zu Armut, egal ob in Europa oder in Afrika. Seit den 1960er-Jahren sind viele Italiener in nordeuropäische Länder ausgewandert. Weil sie aus einem ähnlichen Kulturkreis stammen, war ihre Integration ziemlich problemlos.

In den letzten Jahren lag die Geburtenrate in Italien bei etwa 1,3 bis 1,4 Kindern pro Frau. Die einheimische Bevölkerung schrumpft und wegen der Eurokrise und der wirtschaftlichen Unsicherheit wollen immer weniger Frauen ein Kind bekommen. Viele 30-jährige Italiener leben noch zu Hause im „Hotel Mama", da sie sich keine eigene Wohnung leisten können. Die Politiker müssten eigentlich für den Erhalt der eigenen Bevölkerung sorgen, aber sie investieren lieber Geld in sinnlose Projekte wie ein Polostadion in Giarre auf Sizilien. Nicht nur die Politiker, sondern auch die Bevölkerung investiert Geld in sinnlose Projekte. Auf italienischen

Friedhöfen kann man wahre Marmorpaläste bewundern. Ein Volk, das für den Totenkult Geld ausgibt statt für Kinder, wird eines Tages aussterben. Im Gegensatz zur Bevölkerung steigen die Schuldenberge Italiens. Wer bezahlt die vielen Schulden, wenn der letzte Italiener gestorben ist?

An italienischen Küsten landen viele Bootsflüchtlinge aus Afrika. Mit ihrem Programm „Mare Nostrum" hat die Marine Tausende von Flüchtenden aktiv gerettet und damit die Sogwirkung Europas noch weiter verstärkt. Im Wissen um das italienische Rettungsprogramm sind die Schlepperbanden aktiv geworden und haben überfüllte und schlecht ausgerüstete Boote aufs Meer geschickt. Das Nachfolgeprogramm „Triton" konzentriert sich zwar auf den Grenzschutz, aber dümpelt ein Schiff voller Flüchtlinge hilflos im Meer, siegt die Menschlichkeit.

Italien hat momentan eine Geburtenrate von 1,42 Kindern pro Frau. Nehmen wir theoretisch an, dass keine Zuwanderung erfolgt und damit die Einwohnerzahl alle 60 Jahre halbiert wird. Im Jahr 2315 wird Italien 1,8 Millionen Einwohner haben. Die meisten Spitäler und Universitäten sind geschlossen worden und die abgelegenen Dörfer sind menschenleer und von Gestrüpp überwuchert. Im Jahr 2555 werden in Italien noch 117 188 Menschen leben. Da alle Fabriken und Banken geschlossen wurden, leben die Menschen als Jäger und Sammler. Im Jahr 3575 steift der letzte noch lebende Italiener durch die Ruinen Roms, begibt sich in das Forum Romanum, setzt sich unter dem Titusbogen in den Schatten und stirbt.

Im obigen Szenario haben wir die Einwanderung vernachlässigt. In der Realität wird es vielmehr so aussehen: Italien versucht seine Meergrenzen zu verteidigen, und da dies auf

Dauer nicht gelingt, wird es von Menschenmassen aus Afrika überflutet und die Bevölkerung wird in wenigen Jahrhunderten ausgetauscht.

Japan

Einwohnerzahl in Millionen: 1950: 82; 2010: 127; 2050: 108; 2100: 84.
Fläche: 377 837 km². Bevölkerungsdichte: 336 E/km².

Vor etwa 30 000 Jahren war Japan wahrscheinlich menschenleer. Wie in vielen Regionen der Welt war die Bevölkerungsdichte am Anfang der Besiedlung sehr gering. Das Inselreich war lange Zeit isoliert. In den 1640er-Jahren kam es zu Konflikten mit europäischen Mächten, und daraus folgte eine wirtschaftliche Abschottung. Da man fürchtete, zum Spielball der europäischen Mächte zu werden, ließ man keine Fremden ins Land. 1845 durften amerikanische Schiffe japanische Häfen anlaufen und es kam zu einer Öffnung des Landes. Japan war von 1868 bis 1945 eine imperialistische Macht und war hungrig nach mehr Territorium, da es inzwischen ein dicht bevölkertes Land geworden war.

Am Morgen des 6. August 1945 sahen die Menschen einer japanischen Stadt, dass das Wetter gut war, und sie freuten sich auf einen schönen Tag. Wie so oft, zieht der Mensch falsche Schlüsse und ahnt nichts Böses, wenn die Sonne scheint. Die Stadt hieß Hiroshima und um 8.16 Uhr explodierte die Atombombe und tötete etwa 80 000 Menschen. Es starben später noch viele weitere Menschen an den Folgen der Verstrahlung. Drei Tage später wurde eine zweite

Atombombe über Nagasaki abgeworfen. Heute gedenkt Japan jedes Jahr der Atombombenabwürfe. Die Kriegsverbrechen der japanischen Armee in diversen Staaten während des Zweiten Weltkrieges – wie dasjenige von Nanking in China, wo 200 000 Zivilisten ermordet wurden – werden lieber verschwiegen. Die meisten Menschen überschätzen die Wirkung der Kriege auf die globale Bevölkerungszahl. Im Zweiten Weltkrieg sind in sechs Jahren 50 bis 60 Millionen Menschen umgekommen. Um diese Anzahl Menschen nimmt heute die Weltbevölkerung in 8 bis 9 Monaten zu.

Nach dem Zweiten Weltkrieg erlebte Japan einen Babyboom, aber da es zu Hungernöten kam, wurde die Geburtenkontrolle eingeführt. Heute hat eine Frau in Japan etwa 1,4 Kinder und vor allem im Großraum Tokio ist die Geburtenrate mit 1,13 Kindern pro Frau sehr niedrig. Einer der Hauptgründe sind die teuren Wohnungen. Mit mehr als 300 Einwohnern pro km^2 ist Japan heute überbevölkert und ein Absenken der Einwohnerzahl hätte viele Vorteile. Mit 37 Millionen Einwohnern hätte Japan eine Bevölkerungsdichte wie Österreich. Dem Durchschnittsjapaner würde dadurch viel mehr Lebens- und Wohnraum zur Verfügung stehen und viele Kernkraftwerke könnten abgestellt werden, da man sie für eine kleinere Einwohnerzahl nicht mehr benötigt. Heute muss Japan 60 Prozent der Nahrungsmittel importieren; mit 37 Millionen Einwohnern wäre das Land ein Selbstversorger. Die Nachteile einer niedrigeren Bevölkerungszahl darf man auch nicht verschweigen: viele Infrastrukturobjekte wie Spitäler und Schulen wären überflüssig.

Japan war viele Jahrhunderte lang abgeschottet und die Gesellschaft weist dadurch eine ethnische Homogenität auf, die ein reibungsloses Funktionieren des Landes gewährleis-

tet. Das zeigt sich unter anderem in einer niedrigen Verbre-
chensrate. In der Schweiz behaupten die Wirtschaftsführer,
dass ohne Ausländer die Wirtschaft des Landes zusam-
menbrechen würde, denn viele Spitäler, Industriebetriebe,
Hotels und Restaurants müssten ohne die ausländischen
Arbeitskräfte schließen. Da fragt man sich, wie kann Japan
ohne Ausländer Autos und Kameras bauen, wieso gibt es
in Japan Restaurants, die ohne ausländische Arbeitskräfte
überleben, und warum sind nicht alle Spitäler Japans geschlossen?

Bald werden sich die Regierenden in Japan die Frage stellen müssen: Sollen wir die Einwanderung erlauben oder mit
gesetzlichen Maßnahmen die Geburtenrate erhöhen? Die
dritte Option – Aussterben der Japaner – werden die Politiker wahrscheinlich nicht zulassen, weil dann niemand mehr
da ist, dem sie Steuern abknöpfen können. Das Aussterben der Japaner hätte aber auch Vorteile für die Welt: Die
Wale in den Ozeanen würden die Beerdigung des letzten
Japaners mit Luftsprüngen feiern. Wenn der letzte Japaner
gestorben ist, könnte man das Territorium des nicht mehr
existierenden Staates für die Lagerung der radioaktiven Ab-
fälle nutzen. Mann muss nur positiv denken, dann sieht man
immer neue Chancen.

Jugoslawien

Ich liefere hier keine Bevölkerungszahlen, da dieses Land
nicht mehr existiert. Es ist an seiner multikulturellen Zusammensetzung der Bevölkerung gescheitert und ist in verschiedene Staaten zerfallen. Was in Jugoslawien geschehen

ist, steht Europa noch bevor, aber betrachten wir zuerst die Geschichte Jugoslawiens, die fatal für das Land war.

Im Jahr 395 kam es zur Teilung der Herrschaft des Römischen Reiches. Die Grenze zwischen West- und Ostrom verlief im ehemaligen Jugoslawien. Im 6. Jahrhundert besetzten im Rahmen der Völkerwanderung die Südslawen die Region. Im Jahr 1054 kam es zur Kirchenspaltung; heute noch sind die Kroaten katholisch und die Serben orthodox. In der Schlacht auf dem Amselfeld 1389 unterlag das serbische Koalitionsheer den osmanischen Verbänden. Viele Serben verließen darauf die Region und die Albaner rückten nach. Mitte des 15. Jahrhunderts wurde Bosnien von den Osmanen erobert und viele Einheimische konvertierten zum Islam. Viele Optimisten in Westeuropa glauben, dass sich die Moslems im Laufe der Zeit assimilieren werden. In Bosnien ist das in 500 Jahren nicht gelungen.

Wien ließ auf dem Gebiet Kroatiens ab dem Jahr 1578 die Militärgrenze errichten, wo viele Serben, die vor den Osmanen ins Habsburger Reich geflüchtet waren, als Wehrbauern angesiedelt wurden. Serbische Wehrbauern hatten mehr Rechte als die ansässigen Kroaten, die vergeblich die Rücknahme der Sonderrechte forderten. Orthodoxe Priester stellten schon damals erste Autonomieforderungen der Serben. Jahrhunderte später hat Slobodan Milošević die Ideologie verbreitet: „Wo ein Serbe lebt, da ist Serbien." (Erlauben Sie mir eine Zwischenbemerkung. Vielleicht werden eines Tages die Nigerianer, die nach Europa geflüchtet sind, eine ähnlich lautende Forderung stellen: „Wo ein Nigerianer lebt, da ist Nigeria.")

1912/13 kam es zu Balkankriegen und zur Vertreibung unerwünschter Minderheiten. 1914 wurde der Thronfolger

Ferdinand in Sarajevo erschossen und es begann der Erste Weltkrieg, der zur Zerschlagung der Habsburger Monarchie und des Osmanischen Reiches und zur Entstehung Jugoslawiens führte. Bis 1929 hieß das Land „Königreich der Serben, Kroaten und Slowenen", und hier sieht man die Probleme eines multikulturellen Landes, denn die Albaner und andere Minderheiten wurden in beiden Landesnamen nicht erwähnt. Jugoslawien bedeutet übersetzt „Südslawien", aber die Albaner sind keine Slawen.

Im Zweiten Weltkrieg wurde Jugoslawien zerschlagen und es entstand ein Unabhängiger Staat Kroatien. Mithilfe der katholischen Kirche wurden viele orthodoxe Serben umgebracht. Josip Broz „Tito" konnte Jugoslawien befreien und unter seiner Herrschaft und dem Motto „Bratstvo i Jedinstvo (Brüderlichkeit und Einheit) sollten die Völker in Frieden leben. Ich bin 1953 in Jugoslawien auf die Welt gekommen und habe die ersten zwölf Lebensjahre im Tito-Jugoslawien gelebt und die Schule besucht. Die Lehrer haben den Papst verspottet und religiöse Menschen als Hinterwäldler ausgelacht. Ich war zwar keiner religiösen Beeinflussung ausgesetzt, wie später in meiner neuen Heimat, der Schweiz, aber dafür hörten wir viele Partisanengeschichten und feierten Titos Geburtstag. Man konnte unter Tito gut leben, solange man nicht etwas Falsches sagte oder die Abspaltung eines Gebietes von Jugoslawien forderte.

Viele westeuropäische Linke schwärmen vom Selbstverwaltungsmodell der jugoslawischen Wirtschaft. Ich möchte Ihnen in einer Anekdote schildern, wie dieses Modell im Alltag funktioniert hat. Auf einer meiner Reisen in Dalmatien habe ich einige Tage auf einem Zeltplatz verbracht. Unsere Nachbarn waren zwei jugoslawische Familien mit Kindern.

Man redet über dies und das und beide Familienväter haben mir gesagt, dass sie sich im Betrieb krankgemeldet haben. Im Westen gilt der Fabrikbesitzer als Ausbeuter und der Arbeitnehmer ist das Opfer. Dass auch Arbeitnehmer Betrüger und Ausbeuter des Betriebs sind, passt nicht in die linke Ideologie. Wer in einem kommunistischen Land gelebt hat, könnte Hunderte ähnliche Begebenheiten schildern, wo der einfache Bürger den Staat ausgetrickst und betrogen hat. Viele Asylanten betreiben ein ähnliches Spiel mit ihrem Aufnahmeland, wo sie den Behörden weder ihren richtigen Namen noch den wahren Fluchtgrund nennen.

Als Tito 1980 starb, ahnten schon viele, dass dem Land schwierige Zeiten bevorstanden, denn schon zu seinen Lebzeiten gab es Autonomiebestrebungen einiger Republiken. 1991 begannen die Kriege zwischen den Völkern und Religionen. Ein Beispiel, wie die Medien die Leser an der Nase herumführen, ist der Begriff der „ethnischen Säuberungen". Kroaten, Serben und Bosnier gehören ethnisch der Gruppe der Slawen an. Was sie unterscheidet, ist ihre Religion. Kroaten sind römisch-katholisch, Serben sind orthodoxe Christen und viele Bosnier sind Moslems. Der Krieg in diesem Teil Jugoslawiens war ein Religionskrieg, aber das getrauen sich die vatikanhörigen Medien nicht zu sagen. Dass es ein reiner Religionskrieg war, zeigt auch das Massaker von Srebrenica im Jahr 1995, wo serbische Truppen 8000 moslemische Männer umgebracht haben. Viele meinen, es gäbe gar nicht „den" Islam, sondern viele Strömungen dieser Religion. In Srebrenica haben die Serben nicht zwischen Schiiten, Sunniten oder sonstigen islamischen Splittergruppen unterschieden, sondern alle männlichen Moslems im kriegsfähigen Alter umgebracht.

1999 begann Serbien mit der Vertreibung der Kosovo-Albaner. Vom März bis Juni flog die NATO Luftschläge gegen Serbien, um den ethnischen Säuberungen (hier handelte es sich um verschiedene Ethnien, denn Albaner sind keine Slawen) ein Ende zu bereiten. Ich habe zu dieser Zeit meinen Urlaub in Dalmatien verbracht und sah am Tag die Kondensstreifen der Bomber und hörte in der Nacht das Brummen der Flugzeuge (meistens waren sie zu fünft unterwegs), die nach Serbien flogen oder von dort kamen. Jugoslawien gab es nicht mehr; die Stadt wo ich geboren wurde und zwölf Jahre gelebt habe, gehörte jetzt zu Kroatien.

In der Schweiz, wo ich jetzt lebe, wurde über den Krieg zwar in den Medien berichtet, aber die wenigsten Schweizer haben wie ich die Region auch im Krieg bereist. Es ist ein anderes Gefühl als vor dem Fernsehgerät, wenn man selber durch menschenleere Dörfer fährt, wo alle Häuser niedergebrannt und die Fassaden der noch stehenden Ruinen mit Einschüssen übersät sind. Wenn linksgrüne Schweizer von einer multikulturellen Gesellschaft schwärmen, dann dreht sich mir jedes Mal der Magen um. Jugoslawien ist ein gutes Beispiel dafür, was mit ethnisch und religiös heterogenen Gesellschaften geschehen kann.

Europa wird momentan jugoslawisiert und ich sehe die Zukunft des Kontinents pessimistischer als viele Westeuropäer. Der Optimist sagt: „Das ist ein schöner Rosenstrauch." Da meint der Pessimist: „Kein Wunder, denn darunter befindet sich ein Massengrab." Leider befinden sich auf dem Balkan viele Massengräber, aber die Multikulturalisten sehen nur die Rosensträucher.

Kambodscha

Einwohnerzahl in Millionen: 1950: 4,4; 2010: 14; 2050: 23; 2100: 24.

Fläche: 181 035 km^2. Bevölkerungsdichte: 82 E/km^2.

Mitte des 19. Jahrhunderts wurde Kambodscha ein französisches Protektorat und später eine Kolonie. 1953 wurde das Land unabhängig. 1975 kamen die maoistischen Roten Khmer an die Macht, die bald ein Terrorregime errichteten. Die Stadtbevölkerung wurde aufs Land deportiert, um dort die Landwirtschaft zu stärken. Das ganze Land war ein Arbeitslager, und wer aufmuckte, wurde hingerichtet. Die Klassenunterschiede sollten beseitigt werden, und darum wurde die intellektuelle Elite des Landes umgebracht. Wenn eine Ideologie die Normalverteilung nicht kennt oder diese nicht wahrhaben will, ist sie zum Scheitern verurteilt. Niemals werden alle Menschen gleich sein, weil die Mutation dafür sorgt, dass alle Menschen ungleich sind.

Nordwestlich der Hauptstadt befindet sich die Tempelanlage Angkor Wat. Schon im 10. Jahrhundert wurden Bewässerungsanlagen gebaut, die mehrere Reisernten im Jahr ermöglichten. Der Wohlstand führte dazu, dass Tempelanlagen wie Angkor Wat errichtet werden konnten. Die Bevölkerung in der Region wuchs, und so musste Wald gerodet werden. Man hat schon damals die Grenzen des Wachstums erreicht. 1431 wurde die Region von den Thai besetzt, die Anlage verfiel und geriet später in Vergessenheit. Im 19. Jahrhundert wurde die Anlage von Dschungelvegetation befreit und wird noch heute restauriert. Angkor Wat ist ein Symbol für das Entstehen und Vergehen von Weltreichen.

Kanada

Einwohnerzahl in Millionen: 1950: 14; 2010: 34; 2050: 45; 2100: 51.

Fläche: 9 984 670 km². Bevölkerungsdichte: 3 E/km².

Die Kolonialisierung Kanadas erfolgte zu Beginn des 17. Jahrhunderts. 1627 lebten in Québec 107 Franzosen, die vorwiegend vom Pelzhandel lebten. Die Frankokanadier stellten anfangs die Mehrheit der Gesamtbevölkerung, aber durch den ständigen Zustrom britischer Einwanderer wurden sie zur Minderheit. Kanada hatte im Jahr 1891 4,8 Millionen Einwohner, 1921 waren es bereits 8,8 Millionen. Die Weltwirtschaftskrise von 1929 führte zu einer restriktiven Einwanderungspolitik. Von 1947 bis 1957 kamen pro Jahr über 100 000 Einwanderer ins Land, und wegen des Streits um die richtige Einwanderung wurde 1967 ein Punktesystem für Immigranten eingeführt.

Der Anteil der indigenen Bevölkerung betrug 1815 etwa 20 Prozent; 1911 waren es nur noch 2 Prozent, die zudem in Randzonen abgedrängt wurden. Heute gibt es in Kanada 2200 Reservate, in denen etwa 500 000 Indianer leben.

Da Kanada von Frankreich und England kolonialisiert wurde, ist das Land zweisprachig, was das Zusammenleben erschwert. Seit Beginn der 1960er-Jahre wird in Québec der Ruf nach einem eigenen Staat lauter. Der französische Politiker De Gaulle beendete seine Rede in Kanada mit „Vive le Québec libre!" (Es lebe das freie Québec!) Die kanadische Politik betrachtete das als Einmischung in die innerkanadischen Angelegenheiten und De Gaulle musste seinen Staatsbesuch vorzeitig beenden. Die *Parti Québécois* strebt einen unabhängigen Staat an. Im Jahr 1980 gab es ein erstes Referendum, aber 59,5 Prozent der Wähler votierten für einen Verbleib im kanadischen Verbund. Das Referendum für die Sezession Québecs wurde 1995 mit 50,6 Prozent abgelehnt. Ein Land mit zwei offiziellen Sprachen ist schwer zu regieren, was einmal mehr die Nachteile einer multikulturellen Gesellschaft aufzeigt. In den letzten Jahren findet vermehrt eine Einwanderung von Asiaten statt. Wahrscheinlich ist das politisch gewollt, um die englischen und französischen Einflüsse zu schwächen und deren Sprachenstreit mit der Schaffung eines kunterbunten Bevölkerungs-Fruchtsalats zu beenden.

Viele Menschen glauben, weil es in Kanada noch viel Platz hat, sei das globale Bevölkerungswachstum kein Problem. Momentan nimmt Kanada jährlich etwa 230 000 bis 250 000 Immigranten auf. Wenn man bedenkt, dass die tägliche weltweite Bevölkerungszunahme 220 000 Menschen beträgt, ist Kanada ein schwaches Bevölkerungsventil.

Kongo, Demokratische Republik

Einwohnerzahl in Millionen: 1950: 12; 2010: 62; 2050: 155; 2100: 262.

Fläche: 2 344 885 km². Bevölkerungsdichte: 29 E/km².

An der Berliner Kongo-Konferenz von 1884 wurde das Land dem belgischen König Leopold II. als Privatbesitz zuerkannt. Die Kolonie war 75-mal grösser als das Mutterland. Nach üblicher Manier haben die Konzessionsgesellschaften das Land und die Bevölkerung ausgebeutet. Im Jahr 1908 wurde Kongo durch den belgischen Staat übernommen. 1960 wurde Kongo unabhängig, aber die Verhältnisse wurden für die Bevölkerung nicht besser, da es zu Machtkämpfen zwischen verschiedenen Fraktionen kam. Von 1971 bis 1997 trug das Land den Namen Zaïre, aber wie das so ist mit dem alten Wein in neuen Schläuchen, die Stammesrivalitäten und die Misswirtschaft sind nicht verschwunden. Die Korruption war auf allen Staatsebenen die Regel. Generäle haben sogar Militärflugzeuge verkauft, um die eigenen Taschen zu füllen. Waren früher die europäischen Kolonialherren die Ausbeuter, waren es nach der Unabhängigkeit die eigenen Politiker.

Den Europäern und Amerikanern wirft man ständig vor, dass sie die Bodenschätze der Entwicklungsländer ausbeuten. Leider zeigt das Beispiel Kongo, dass die Einheimischen die Rohstoffe nicht besser nutzen. Statt zum ersehnten Wohlstand haben die Lagerstätten zu Kriegen geführt.

Die obige Einwohnerzahl für das Jahr 2100 wird nur zutreffen, falls die Geburtenrate sinkt. Sollte sie konstant bleiben, wird Kongo Ende dieses Jahrhunderts mehr als eine Milliarde Einwohner haben. In den Urwäldern Kongos leben noch viele Gorillas. Falls das Bevölkerungswachstum noch lange anhält, wird der Lebensraum dieser Tiere immer kleiner werden.

Liberia

Einwohnerzahl in Millionen: 1950: 0,9; 2010: 3,9; 2050: 9,3; 2100: 16.

Fläche: 97 754 km^2. Bevölkerungsdichte: 43 E/km^2.

Die US-Regierung erließ 1816 eine Charta für die „American Colonization Society", die befreite Sklaven zurück nach Afrika schaffen sollte. Einerseits fand man die Sklaverei inhuman und andererseits befürchtete man Unruhen und eine Vermischung der Rassen und glaubte, dass die ehemaligen Sklaven in Afrika besser aufgehoben sind. Zu diesem Zweck wurden auf dem Gebiet des heutigen Staates Liberia Grundstücke gekauft, wo die zurückgeschafften amerikanischen Afrikaner leben sollten. Es wurden zwar etliche Schiffe mit ehemaligen Sklaven nach Afrika geschickt, aber das Projekt ist am Klima und den Tropenkrankheiten der Zielregion, dem Widerstand der dortigen einheimischen Bevölkerung (Afrikaner betrachten US-Afrikaner als unwillkommen!) und den Kosten gescheitert. 1847 wurde Liberia unabhängig. Die Staatsflagge Liberias ist derjenigen der USA sehr ähnlich.

Mali

Einwohnerzahl in Millionen: 1950: 4,6; 2010: 14; 2050: 45; 2100: 100.
Fläche: 1 240 192 km^2. Bevölkerungsdichte: 13 E/km^2.

Mali ist ein Binnenland, das im Norden fast menschenleer ist. Da hat es noch viel Platz, aber leider wenig Wasser, und darum nennt man die Region eine Wüste – es handelt sich um die Sahara. Nach der französischen Kolonialherrschaft wurde Mali 1960 unabhängig. Es ist eines der ärmsten Länder der Welt, aber dafür hat es mit mehr als 6 Kindern pro Frau eine der höchsten Geburtenraten. Das Bevölkerungswachstum liegt bei knapp 3 Prozent. Die Hauptstadt Bamako hatte 1960 nur 160 000 Einwohner, 2009 lebten hier bereits 1,8 Millionen Menschen.

Ich habe ein Kapitel in diesem Buch der Exponentialfunktion gewidmet, und das kommt nicht von ungefähr – mit dieser Funktion vermehrt sich eine Bevölkerung. Betrachten wir im folgenden Beispiel eine einzige Frau und nur ihre weiblichen Nachkommen. Wenn eine Frau 6 Kinder hat, werden im Durchschnitt 3 davon Mädchen sein. Wenn jedes dieser 3 Mädchen wiederum 3 Töchter auf die Welt bringt, wird die nächste Generation 9 Mädchen umfassen. Sie werden es erraten haben – es wird immer mit 3 multipliziert, und die 4. Generation besteht aus 27 Mädchen, die eines Tages Frauen werden und Kinder bekommen. Die 10. Generation umfasst 19 683 weibliche Nachkommen, und in der 18. Generation schlägt die Exponentialfunktion grausam zu: Aus einer einzigen Frau sind mehr als 129 Millionen weibliche Nachkommen entstanden. In der 22. Generation hätte diese Frau mehr als 10 Milliarden Urur…enkelinnen. Wollen wir wetten, dass die meisten davon verhungern oder sich auf den Weg nach Europa machen werden?

Mexiko

Einwohnerzahl in Millionen: 1950: 28; 2010: 118; 2050: 156; 2100: 139.
Fläche: 1 953 162 km^2. Bevölkerungsdichte: 59 E/km^2.

Im Jahr 1519 landeten die Spanier mit 11 Schiffen und 500 Soldaten an der Küste Mexikos. 1521 wurde Tenochtitlan erobert und das Reich der Azteken wurde bald besiegt. Wahrscheinlich sind 90 Prozent der einheimischen Bevölkerung durch Pocken und andere eingeschleppte Krankheiten gestorben. Im Laufe der Zeit wurden fast alle Spuren der Azteken zerstört. 1821 wurde Mexiko unabhängig.

Wie ein Kampf um Lebensraum ausgehen kann, zeigt das Beispiel Texas. Mexiko hat den Bürgern der USA erlaubt, sich in dieser schwach bevölkerten Region anzusiedeln, mit dem Ziel, dass sie mexikanische Bürger und Katholiken werden. Die US-Siedler wollten sich aber nicht integrieren lassen und es kam zu kriegerischen Auseinandersetzungen. 1836 wurde Texas eine unabhängige Republik und 1845 wurde es ein Bundesstaat der USA. Wenn eines Tages Millionen von Afrikanern auf europäischem Territorium leben werden, wird es zu ähnlichen Unabhängigkeitsbestrebungen kommen. Im Krieg mit den USA verlor Mexiko die Hälfte seines Territoriums. Der heutige Südwesten der USA hat vor dem Friedensvertrag von 1848 zu Mexiko gehört. Während Europa afrikanisiert wird, werden die USA mexikanisiert. Vielleicht erreicht die mexikanische Bevölkerung im Südwesten der USA eines Tages die Bevölkerungsmehrheit und die Region spaltet sich von den USA ab und wird wieder mexikanisches Territorium.

Wahrscheinlich war Mexiko durch die Verluste der bevölkerungsarmen Regionen an die USA traumatisiert und wollte durch Bevölkerungswachstum die Region in den Griff bekommen. 1940 lebten in Mexiko 20 Millionen Menschen, 30 Jahre später waren es bereits 53 Millionen. Viele der neu hinzugekommenen Staatsbürger lebten aber in Armut, und so wurde 1974 ein Gesetz erlassen, um das Bevölkerungswachstum zu regulieren. In den Medien wurden die Vorteile der Kleinfamilie angepriesen und die Geburtenrate ist auch ohne Zwangsabtreibungen wie in China gesunken.

Monaco

Einwohnerzahl in Tausend: 1950: 20; 2010: 37; 2050: 53; 2100: 70.
Fläche: 2,02 km^2. Bevölkerungsdichte: 18 812 E/km^2.

Beachten Sie, dass die obigen Bevölkerungsangaben in Tausend sind. Monaco ist einer der reichsten und am dichtesten besiedelten Staaten der Welt. Die Immobilienpreise sind sehr hoch und es herrscht ein akuter Platzmangel. Der Staat verfügt über praktisch kein Ackerland und ist dadurch auf Nahrungsimporte angewiesen. Auch wenn es gelingt, die zusätzlichen Milliarden Menschen in Wolkenkratzern unterzubringen, wird das Bevölkerungswachstum an der Nahrungsmittelgrenze haltmachen.

Betrachten wir das Beispiel des exponentiellen Bevölkerungswachstums, das man mit dem Bau eines Wolkenkratzers lösen will. Im ersten Jahr ist der Wolkenkratzer ein Stockwerk hoch. Für die nächste Bevölkerungsverdoppelung wird ein zweites Stockwerk gebaut. Nach der 14. Verdoppelung ist das Hochhaus 16 384 Stockwerke hoch. Nach einigen weiteren Verdoppelungen müssen die Handwerker pro Stunde mehrere Stockwerke hochzuziehen. Eines Tages wächst der Wolkenkratzer mit Schallgeschwindigkeit weiter und nach etwa 57 Verdoppelungen wächst das Hochhaus mit Lichtgeschwindigkeit ins Weltall hinaus. Nur wer die Exponentialfunktion nicht versteht, kann behaupten, dass das jetzige Bevölkerungswachstum problemlos weitergehen kann und die Wolkenkratzer eine brauchbare Lösung sind.

Neuseeland

Einwohnerzahl in Millionen: 1950: 1,9; 2010: 4,3; 2050: 5,7; 2100: 6,2.
Fläche: 270 534 km^2. Bevölkerungsdichte: 16 E/km^2.

Neuseeland wurde zuerst von Polynesien aus besiedelt. Als die ersten Europäer eintrafen, waren die Inseln schon etliche Jahrhunderte lang bewohnt. Leider leben auch die Ureinwohner nicht immer im Einklang mit der Natur. In Neuseeland hat der flugunfähige Riesenvogel Moa in Frieden gelebt, bis die Menschen die Inseln entdeckt und besiedelt haben. Die Maori haben den Moa vor etwa 400 Jahren ausgerottet und man findet heute nur noch die Skelette dieses Vogels. Die Museumsbesucher stehen heute vor dem Moa-Skelett und denken sich: Dieser dumme, naive Vogel. Eines Tages wird man vor dem Skelett des letzten Europäers stehen und denken: Diese dummen, naiven Europäer.

Als der holländische Seefahrer Abel Tasman 1642 Neuseeland entdeckte, wurden seine Schiffe von den Maoris angegriffen, wobei vier seiner Seeleute umkamen. Offenbar hatten die Maoris keine Willkommenskultur und haben ihren Lebensraum verteidigt. 1769 hat James Cook die Inseln kartiert und in seinen Berichten als geeignetes Siedlungsgebiet beschrieben. Die ersten europäischen Siedler waren Walfänger und Händler, nicht Sträflinge wie in Australien. Ab 1840 begann eine umfassende britische Einwanderung. Durch

Landverkäufe und Vertreibungen verloren die Maori die Herrschaft über das eigene Land und es kam zu Kriegen mit den Invasoren. 1892 gehörte den Maoris nur ein Sechstel des Landes – es handelte sich v. a. um unfruchtbare Gebiete.

Neuseeland hat sein Bevölkerungswachstum offenbar im Griff – im Gegensatz zu vielen afrikanischen Ländern. Die Lebensqualität ist dank der niedrigen Bevölkerungsdichte hoch, da die Natur nicht von Menschenmassen wie in Europa überbaut und verschmutzt wird. Neuseeland sollte ein Beispiel für viele europäische Politiker sein, wie eine Landwirtschaft ohne Subventionen funktioniert. Die Bauernlobby Europas schöpft Milliarden ab, die man besser für Kindergärten und Schulen verwenden würde. Die subventionierte Landwirtschaft beschleunigt den Untergang Europas – aber eher werden sich die europäischen Bauern ein Loch in die Kniescheibe bohren, als auf Subventionen zu verzichten.

Das höchste Bevölkerungswachstum findet in den afrikanischen Ländern südlich der Sahara statt. Dieser Bevölkerungsüberschuss ergießt sich momentan über Europa, und dieser Menschenstrom wird noch weiter anschwellen, falls keine Familienplanung in diesen Ländern eingeführt wird. Neuseeland kann nicht so einfach mit einem Fischerboot erreicht werden wie Italien, Spanien oder Griechenland. Falls Sie jung sind und langfristig denken, sollten Sie sich vorsichtshalber ein Visum für dieses Land besorgen, denn Europa geht den Bach runter.

Niederlande

Einwohnerzahl in Millionen: 1950: 10; 2010: 16; 2050: 17; 2100: 16.

Fläche: 41 526 km^2. Bevölkerungsdichte: 402 E/km^2.

Die Niederlande waren seit dem 17. Jahrhundert eine wichtige Kolonialmacht. Nach dem Zweiten Weltkrieg haben die Niederlande eine aktive Auswanderungspolitik betrieben. Vor allem Arbeitslose, Bauern und große Familien sollten auswandern. Zwischen 1950 und 1964 sind etwa 400 000 Menschen ausgewandert, ein Drittel kehrte nach einigen Jahren wieder zurück. Indonesien wurde 1949 selbstständig und viele Niederländer kehrten zurück in die Heimat. Mit dem Wohlstand kam auch der Arbeitskräftemangel. Zuerst waren Italien und Spanien, später Türkei und Marokko wichtige Herkunftsländer der Arbeitsmigranten. Auch hier haben die Interessen der Wirtschaft die Einwanderung verursacht – in Japan konnte sich die Politik durchsetzen und trotz Wirtschaftswachstum mussten dort die Firmen mit den eigenen Arbeitskräften auskommen. 1975 wurde Surinam unabhängig und es kam zu einer Welle der Einwanderung aus dieser ehemaligen Kolonie und zu Konflikten mit den Einheimischen. Politiker sind seltsame und ahnungslose Planer: Nach dem Zweiten Weltkrieg drängen sie die Einheimischen aus dem Land und einige Jahrzehnte später ersetzen sie diese durch Menschen aus Marokko, der Türkei und anderen nicht europäischen Ländern.

Die Einwanderung bedroht den sozialen Zusammenhalt der Niederlande, da es unüberbrückbare kulturelle Unterschiede zwischen den Immigranten und den Einheimischen gibt. Wer nicht an die kunterbunte Gesellschaft glaubt, wird umgebracht – wie Pim Fortuyn im Jahr 2002. Mit seinen Aussagen gegen den Islam und gegen die Asylantenflut machte er sich Feinde im linken Lager – sein Mörder war Aktivist in einer Umweltschutzorganisation. 2004 wurde der Filmemacher Theo van Gogh von einem islamischen Fundamentalisten (Sohn eines marokkanischen Einwanderers, den die Wirtschaft so dringend gebraucht hat) ermordet – politischer Mord als kulturelle Bereicherung. Der Wirtschaft ist es egal, von wo die Arbeitssklaven kommen – es zählt nur der Profit. Pim Fortyun und Theo van Gogh sind zwei der vielen Menschen, die auf dem Altar des Wirtschaftswachstums geopfert wurden.

Geert Wilders ist Vorsitzender der **Partei für die Freiheit.** Er ist bekannt für seine anti-islamische Haltung und setzt sich für die Beschränkung der Einwanderung ein. Seine Mutter stammt aus Indonesien und seine Frau aus Ungarn – das passt nicht ganz in das Bild des Ausländerhassers, als der er häufig dargestellt wird. Seit der Ermordung von Theo van Gogh lebt Geert Wilders an unbekannten Orten und steht unter Polizeischutz.

Niger

Einwohnerzahl in Millionen: 1950: 2,5; 2010: 16; 2050: 69; 2100: 203.

Fläche: 1 267 000 km^2. Bevölkerungsdichte: 13 E/km^2.

Wenn man die obigen Bevölkerungszahlen anschaut, dann reibt man sich zuerst die Augen und glaubt an einen Druckfehler. Ein kleines Land mit 2,5 Millionen Einwohnern hat 150 Jahre später eine so große Bevölkerung wie Deutschland, Italien und Frankreich zusammen genommen. Die Einwohnerzahl von 203 Millionen ist aber nur eine mittlere Variante der möglichen Entwicklung, da man ein Zurückgehen der Geburtenrate annimmt. Wenn diese aber nicht abnimmt, werden Ende des Jahrhunderts in Niger mehr als 800 Millionen Menschen leben. Dieses rasante Wachstum ist eine Folge der Exponentialfunktion und ist nicht einfach eine politische Meinung.

Niger hat wegen der hohen Geburtenrate eine sehr junge Bevölkerung: Menschen, die 14 Jahre alt oder jünger sind, machen 49,8 Prozent der Bevölkerung aus. Der Anteil der Menschen, die 65 Jahre alt oder älter sind, beträgt nur 2,6 Prozent. Die Masse der jungen Menschen wird in einigen Jahren selber Kinder bekommen. Heute hat eine Frau in Niger im Durchschnitt fast 7 Kinder und die Bevölkerung wächst mit 3,28 Prozent pro Jahr. Es ist kein Wunder, dass man bei diesen Staaten das Wort **Bevölkerungsexplosion** gebraucht, obwohl eine Bevölkerung nicht explodiert, sondern nur deren Zahl.

Auf den meisten Webseiten der Entwicklungshilfeorganisationen werden Sie vergeblich Informationen zum Bevölkerungswachstum und Überbevölkerung suchen. Dort dominieren Ausdrücke wie Armut, Helfen, Spenden. Im Jahr 1975 haben in Niger 5 Millionen Menschen gelebt und es ist den vielen Entwicklungshelfern nicht gelungen, die Armut zu beseitigen. Wenn eines Tages Hunderte von Millionen armer Menschen im Land leben werden, dann wird dies erst recht nicht gelingen. Es ist eine trügerische Ideologie, die in die Welt gesetzt wurde: Wenn wir die Armut besiegt haben, wird die Geburtenrate sinken. Mit Händen und Füßen wehren sich die Helfer gegen die einzige wahre Lösung der meisten Probleme: Familienplanung.

Das linksgrüne Dogma lautet, dass immer die Europäer an allem Elend Afrikas schuld sind. Dabei sind die Traditionen und Verhaltensweisen der einheimischen Bevölkerung nicht von Europäern aufgezwungen worden. Eine hohe Kinderzahl garantiert ein Überleben im Alter. Diese persönliche Altersvorsorge hat aber eine fatale Folge für die Wirtschaft und Ökologie eines Landes. Kein afrikanischer Staat ist in der Lage, so viele Arbeitsplätze zu schaffen, wie Kinder auf die Welt kommen. Die Menschenmassen müssen ernährt werden, und so plündern sie die Ressourcen und holzen die Wälder ab und die Umweltschützer jammern, dass die Wüsten größer werden.

Nigeria

Einwohnerzahl in Millionen: 1950: 38; 2010: 160; 2050: 440; 2100: 913.
Fläche: 923 768 km^2. Bevölkerungsdichte: 176 E/km^2.

Ich habe schon viele Menschen gefragt, ob sie wissen, wie viele Menschen in Nigeria leben und wie viele es im Jahr 2050 sein werden. Ich kann mich nicht entsinnen, dass ich je eine richtige Antwort bekommen habe. Viele meinen, dass in Nigeria heute so etwa 10 Millionen Menschen leben und 2050 würden es wahrscheinlich auch etwa so viel sein. Wenn man dieses Unwissen als Basis für sein politisches Denken und Handeln nimmt, muss man sich nicht wundern, dass die Migration von den meisten Menschen verharmlost und völlig falsch eingeschätzt wird. Solche ahnungslosen Menschen setzen sich für die Asylanten ein und glauben, dass das Problem gelöst ist, wenn jede Gemeinde einige Hundert Flüchtlinge aufnimmt. Solange die Geburtenrate in Afrika hoch bleibt, wird dieser Menschenstrom nach Europa noch weiter anschwellen, und dann wird den Europäern die Exponentialfunktion um die Ohren fliegen.

Die mittlere Variante geht von 913 Millionen Menschen für das Jahr 2100 aus. Raten Sie mal, wie viele Einwohner man bei einer konstanten Geburtenrate für Nigeria erwartet. Ich schreibe diese Zeilen am 25.12.2014 (arme Schriftsteller arbeiten auch an Weihnachten), und da sehe ich die Bevölkerungszahl der UNO auf dem Bildschirm und die lautet: 3, 293 Milliarden. Meistens musste die UNO ihre mittleren Bevölkerungsprognosen nach oben korrigieren. Es ist nicht unwahrscheinlich, dass in Nigeria Ende dieses Jahrhunderts etwa 2 Milliarden Menschen leben werden. Ein Teil davon wird sich auf den Weg nach Europa machen, falls dieses nicht schon selber verarmt ist und die meisten Europäer nach Kanada oder Neuseeland geflohen sind.

Das jährliche Bevölkerungswachstum Nigerias beträgt momentan 2,4 Prozent. Nehmen wir als Basis 170 Millionen Einwohner und schauen in die Zukunft, mit der Annahme, dass die Wachstumsrate konstant bleibt. Im Jahr 2178 beträgt dann die Einwohnerzahl 8 Milliarden Menschen; im Jahr 2234 sind es 30 Milliarden; 2314 sind es 200 Milliarden und 2381 wären es sagenhafte 977 Milliarden – die Exponentialfunktion lässt grüßen. Sogar Akademiker sagen mir häufig, dass die Familienplanung keine Lösung sei, man müsse die landwirtschaftlichen Erträge steigern. Wenn man heute von einem Ertrag von 4 Tonnen pro Hektar ausgeht und dieser sich alle 30 Jahre verdoppelt, dann müssten die Farmer im Jahr 2375 sagenhafte 16 384 Tonnen Getreide pro Hektar einfahren und eine Generation später doppelt so viel. Es ist aus physikalischen, chemischen und biologischen Gründen nicht möglich, solche Ernten zu erwarten.

Norwegen

Einwohnerzahl in Millionen: 1950: 3,2; 2010: 4,8; 2050: 6,5; 2100: 7,6.
Fläche: 323 759 km^2. Bevölkerungsdichte: 15 E/km^2.

Die Jahre von 800 bis 1050 werden als Wikingerzeit bezeichnet. Die Wikinger haben an vielen Küsten Europas geplündert und Handel getrieben und sie haben in Schottland, Irland und Grönland Kolonien gegründet. Das Ackerland war in Norwegen schon immer knapp, und darum hat die überschüssige Bevölkerung neue Lebensräume gesucht. Seit 1905 ist Norwegen ein souveräner Staat. Im Jahr 1969 wurden größere Erdölvorkommen entdeckt und seither ist Norwegen ein reiches Land. 1994 stimmten 52,2 Prozent der Stimmbürger gegen eine EU-Mitgliedschaft.

Norwegen war bis 1970 ein ethnisch einheitliches Land. Da auch hier die Macht in den Händen der Wirtschaftsbosse liegt, die nach Arbeitssklaven schrien, wurden die Grenzen geöffnet und damit die ethnische Zusammensetzung des Landes verändert. Das hat Norwegen teuer bezahlt. Am 22.7.2011 hat Anders Breivik einen Bombenanschlag auf die sozialdemokratische Regierung in Oslo verübt. Anschließend fuhr er auf die Insel Utøya und tötete dort 69 junge Teilnehmer eines sozialdemokratischen Zeltlagers. Diese Tat unterscheidet sich von einem „üblichen" Amoklauf wie z. B. in Newtown (Conneticut, USA), wo ein Amokläufer ohne erkennbare Motive in einer Schule 20 Kinder und 6 Angestellte erschossen und anschließend Selbstmord begangen hat. Die meisten Amokläufer bringen wahllos Menschen um – Breivik hat es auf die sozialdemokratische Partei abgesehen, weil er ihr vorwirft, aus Norwegen ein multikulturelles Land gemacht zu haben. Die meisten Amokläufer begehen nach ihrer Tat Selbstmord – Breivik ließ sich verhaften, um vor Gericht seine Tat zu rechtefertigen. Ich würde den Massenmord von Breivik als einen Miniatur-Bürgerkrieg bezeichnen. In Srebrenica haben serbische Truppen 8000 Moslems umgebracht und man redet hier von Bürgerkrieg. Im Falle Breiviks reden viele von der Tat eines Wahnsinnigen – waren die Täter in Srebrenica alle wahnsinnig? Viele weltoffene Menschen schwärmen von einer bunten Gesellschaft – leider wird diese manchmal blutrot.

Österreich

Einwohnerzahl in Millionen: 1950: 6,9; 2010: 8,4; 2050: 9,3; 2100: 9,6.

Fläche: 83 879 km^2. Bevölkerungsdichte: 100 E/km^2.

Im Jahr 1529 fand die erste Belagerung Wiens durch die Türken statt, die wegen des Wintereinbruchs abgebrochen wurde. 1683 fand die zweite Belagerung Wiens statt. In der Schlacht am Kahlenberg wurde ein Sieg gegen das Osmanische Reich gefeiert. Die Habsburgermonarchie hatte mit Nationalitätenproblemen zu kämpfen, da viele Völker einen eigenen Staat haben wollten. Nach dem Ersten Weltkrieg zerfiel Österreich-Ungarn in Einzelstaaten – einer davon war Österreich. 1938 wurde Österreich Teil des national-sozialistischen Deutschland und damit begann die Verfolgung der Juden, von denen viele – wie Sigmund Freud – aus dem Land flohen. 1955 wurde Österreich wieder ein freier Staat. Wie in vielen Ländern träumten linksgrüne Parteien von einem bunten Völkergemisch und haben damit nur den rechten Politikern zur Macht verholfen. Jörg Haider hat mit seiner ausländerfeindlichen Politik viele Wähler gewonnen.

Da die meisten Menschen die Folgen der Überbevölkerung nicht verstehen, lassen sie sich mit einfachen Taschenspielertricks blenden. Einer dieser Pseudobeweise, dass die Überbevölkerung nur ein Mythos ist, besteht in der Aussage, dass man die gesamte Weltbevölkerung in Österreich unterbringen könnte und dann der Einzelne immer noch 11 m^2 Platz hätte. Wenn Sie hier aufhören zu denken und zu glauben beginnen, dann hat man Sie erwischt, darum versuche ich die Problematik detailliert aufzuzeigen. Diese 11 m^2 entsprechen einem Quadrat von 3,31 x 3,31 m. Sie haben vier Nachbarn über die Seiten und weitere vier über die Eckpunkte des Quadrats, leben also wie in einer riesigen Pinguinkolonie. Dumm ist nur, wenn sich ihre 11 m^2 auf einem Gletscher oder in einem Fluss befinden. Der Mensch ist kein Holzpflock und lebt nicht vom Platz allein, sondern braucht Nahrung und Wasser. Der Weizen in Kanada erntet sich selber, die Orangen in Spanien pflücken sich selber, die Rinder in Argentinien schlachten sich selber, die Schafe in Australien scheren sich selber und alle diese Produkte fliegen von alleine nach Österreich. Diese glorreichen 11 m^2 dienen auch als Toilette – wie es nach einigen Wochen in dieser Menschenkolonie ausschaut, können Sie sich selber ausmalen. Da ja die Weltbevölkerung jeden Tag um 220 000 Menschen wächst, schrumpfen ihr Lebensquadrat immer mehr und dann werden auch Sie auf den Gedanken kommen, dass die Geburtenkontrolle keine schlechte Lösung wäre.

Pakistan

Einwohnerzahl in Millionen: 1950: 38; 2010: 173; 2050: 271; 2100: 263.
Fläche: 796 095 km^2. Bevölkerungsdichte: 222 E/km^2.

Bei der Teilung Britisch-Indiens sind zwei pakistanische Teilstaaten entstanden – Ost- und Westpakistan, die 1500 km voneinander entfernt waren. 1971 kam es zur Abspaltung von Ostpakistan, das heute Bangladesch heißt. Dieses Kapitel handelt vom ehemaligen Westpakistan.

Pakistan war 1950 relativ dünn besiedelt, aber da sich die Einwohnerzahl in den 60 folgenden Jahren um 135 Millionen zusätzliche Menschen erhöht hat, wurden auch ungeeignete Regionen des Landes besiedelt. Weil der Monsun in den Sommermonaten viele Niederschläge bringt, kommt es immer wieder zu Überschwemmungen mit vielen Todesopfern.

Für viele Menschen, die die Familienplanung und Verhütungsmittel ablehnen, ist der einzig gangbare Weg zur Senkung der Geburtenrate die Verbesserung der Bildung der

Frauen. Dass dies in der Realität nicht einfach zu bewerkstelligen ist, zeigt das Beispiel von Malala Yousafzai, die von den Taliban niedergeschossen wurde, weil sie sich für die Bildung der Mädchen und Frauen eingesetzt hat. In Europa haben die Akademikerinnen die niedrigste Geburtenrate, was zu einem Bevölkerungsschwund führt. Da die Taliban an der Macht interessiert sind, die man nur mit einer hohen Bevölkerungszahl erreichen kann, werden sie wahrscheinlich auch in Zukunft kein Interesse an einer besseren Bildung der Frauen haben.

Philippinen

Einwohnerzahl in Millionen: 1950: 18,5; 2010: 93; 2050: 157; 2100: 187.
Fläche: 300 000 km^2. Bevölkerungsdichte: 316 E/km^2.

1521 entdeckte Magellan die Inselwelt, und so begann die Christianisierung des Landes, das zuvor schon mit anderen Religionen wie mit dem Islam Bekanntschaft gemacht hatte. Die Mehrzahl der Einwohner ist heute noch katholisch. Nach der spanischen Kolonialzeit wurden die Philippinen eine Kolonie der USA, was zu einer protestantischen Missionierung geführt hat.

Von 1950 bis 2100 wird sich die Einwohnerzahl des Landes wahrscheinlich verzehnfachen. Die katholische Kirche kämpft gegen die Familienplanung, da das Land ein katholisches Bollwerk in Asien ist und noch weiter ausgebaut werden soll, was sich nur mit einer großen Bevölkerungszahl bewerkstelligen lässt. Die Politik spricht sich für eine staatlich finanzierte Familienplanung aus, was von den Bischöfen der katholischen Kirche abgelehnt wird. Es ist bemerkenswert, dass ausgerechnet unverheiratete Kirchenmänner, die keinen Nachwuchs (zumindest offiziell) auf die Welt stellen, eine hohe Geburtenrate predigen. Auf dem Weg zur Weltmacht sind die Philippinen für die katholische Kirche entscheidend. In anderen katholischen Ländern wie Italien, Spanien und Polen ist die Geburtenrate so niedrig, dass der Untergang dieser Religion droht. Hier könnte die Exponentialfunktion der katholischen Kirche zu mehr Mitgliedern verhelfen, denn momentan wächst die Bevölkerung der Philippinen mit einer jährlichen Rate von 1,8 Prozent. Wenn es den Bischöfen gelingt, die Familienplanung zu torpedieren, und die Wachstumsrate konstant bleibt, werden die Philippinen in 135 Jahren mehr als eine Milliarde Einwohner haben. In 393 Jahren jubiliert der Papst, denn da hat das Land 100 Milliarden Einwohner und die meisten davon sind Katholiken.

Etwa 8 Millionen Einwohner des Landes leben im Ausland. Der Geburtenüberschuss muss sich schon heute ein Auskommen im Ausland suchen. Die hohe Geburtenrate hat zu einem rasanten Städtewachstum geführt und viele städtische Zuwanderer leben in Elendsquartieren oder auf Müllhalden. Es gab schon viele Tote, als nach tagelangen Regenfällen der Müll ins Rutschen kam und die Bewohner unter sich begrub.

Seit den 1960er-Jahren findet ein bewaffneter Widerstand der muslimischen Bevölkerung statt. Bekannt ist die Terrorgruppierung Abu Sayyaf, die mit Entführungen und Anschlägen von sich reden macht und einen islamischen Staat fordert. Ein friedliches Zusammenleben von Religionen ist wahrscheinlich auf lange Dauer nicht möglich. Die meisten Staaten reagieren allergisch auf Abspaltungstendenzen einzelner Regionen und führen darum jahrzehntelang Krieg gegen Separatisten.

Polen

Einwohnerzahl in Millionen: 1950: 25; 2010: 38; 2050: 34; 2100: 26.

Fläche: 312 685 km². Bevölkerungsdichte: 122 E/km².

Polen war lange Zeit von fremden Mächten besetzt. Da es nur wenige natürliche Grenzen aufweist, war es ein ideales Gelände für Kavallerie- und Panzerverbände. 1795, nach der dritten polnischen Teilung, war das Land von der Landkarte verschwunden. Nach 123 Jahren der Teilung zwischen Preußen, Österreich und Russland ist nach dem Ersten Weltkrieg wieder ein polnischer Staat entstanden. Da die Siedlungsgebiete nicht klar zu trennen waren, kam es zu Unruhen und kriegsähnlichen Handlungen zwischen den Volksgruppen. Nach Volksabstimmungen wurde bestimmt, welches Gebiet Polen oder dem Deutschen Reich zugeschlagen wird. Oberschlesien wurde geteilt, und es kam zu einer Ausreisewelle der Deutschen aus polnisch gewordenen Gebieten. Auch im Osten Polens wurden neue Grenzen gezogen, wobei der größte Teil der neuen polnischen Bevölkerung litauisch, weißrussisch oder ukrainisch war. 1939 wurde Polen von Deutschland und Russland besetzt. Nach dem Zweiten Weltkrieg wurde das Staatsgebiet Polens nach Westen verschoben. Im Osten verlor Polen Gebiete an die Sowjetunion; 1,5 Millionen Polen wurden vertrieben und im westlichen Landesteil angesiedelt, wo mehrere Millionen Deutsche vertrieben und durch Polen ersetzt wurden. Es war ein Bevölkerungsaustausch, wie er so oft in der Weltgeschichte zu beobachten war.

Heute hat eine polnische Frau im Durchschnitt nur 1,33 Kinder statt 2,1, die für die Erhaltung einer Bevölkerung nötig sind. Die Polen hören nicht auf den katholischen Klerus, der mit Entsetzen zuschauen muss, wie sich ein katholisches Land entvölkert.

Ruanda

Einwohnerzahl in Millionen: 1950: 2; 2010: 11; 2050: 25; 2100: 36.

Fläche: 26 338 km^2. Bevölkerungsdichte: 415 E/km^2.

Im Jahr 1916 übernahmen die Belgier von den Deutschen die Kontrolle über Ruanda. Es wurde der Kaffeebaum eingeführt; der Kaffee war für den Export bestimmt, wodurch die Ackerfläche für Nahrungsmittel kleiner wurde. 1962 erlangte Ruanda die Unabhängigkeit. Mitte der 1980er-Jahre wies das Land ein jährliches Bevölkerungswachstum von 3,7 Prozent auf. Von 1960 bis 1993 vermehrte sich die Bevölkerung von 3 auf 7,5 Millionen Einwohner, was das Problem der Landknappheit verschärft hat – die Nahrungsmittelproduktion stieß an ihre Grenzen. Wegen der wachsenden Bevölkerung wurden Wälder gerodet, trotzdem sank die Betriebsgröße immer weiter. Der Streit um Land war sogar unter Familienmitgliedern häufig. Viele Menschen waren verarmt und verzweifelt. Die meisten Entwicklungshelfer wollen nicht wahrhaben, dass die Ursache der meisten Probleme des Landes die hohe Geburtenrate war.

Zwischen den Viehzucht treibenden Tutsi und den Ackerbauern Hutu kam es immer wieder zu Zwischenfällen. Als
am 6. April 1994 das Flugzeug des ruandischen Präsidenten
beim Landeanflug auf Kigali abgeschossen wurde, begannen
schon am gleichen Tag die Morde an Tutsi und moderaten
Hutu. In den nächsten Monaten wurden 750 000 Tutsi und
50 000 Hutu umgebracht. Die Hilfswerke können keine
Bilder für ihre Werbekampagnen brauchen, auf denen ein
Afrikaner seinem Landsmann die Hände, Füße und den Kopf
mit einer Machete abschlägt, also hat man nach Gründen gesucht, wer am Massaker schuld war. Es waren das Erbe der
Kolonialherrschaft und die Medien, die die Ruander aufein-
ander gehetzt haben. Tatsachen und Ereignisse werden so
lange gedreht und verbogen, bis immer das gleiche Resultat
herauskommt: Die Afrikaner sind Opfer. In der Geschichte
wurde der Afrikaner immer als der edle Wilde dargestellt,
aber er ist zu Massenmord genauso fähig wie andere Völker
auch. Die Besitztümer der Ermordeten wurden geplündert
und deren Viehherden geschlachtet, sodass das Fleisch auf
dem Markt extrem billig wurde. Zwei Millionen Menschen
flohen aus Ruanda und durch diese starke Bevölkerungsabnahme hatten die Verbliebenen wieder mehr Platz und
mehr Ackerland zur Verfügung.

Etwa so wie in Ruanda kann man sich einen Überbevöl-
kerungskrieg vorstellen. Das Wort „Landknappheit" tönt
schöner als „Überbevölkerung" – da meint man immer,
irgendwer sei überflüssig –, aber beide Aussagen stellen
nur ein Verhältnis von nutzbarem Agrarland zu Einwohnern her. Viele Menschen meinen, es sei doch unmöglich zu
entscheiden, wer überflüssig ist. In Ruanda war es gar nicht
so schwer, diese Entscheidung zu treffen – derjenige, der

eine Machete in der Hand hielt, konnte entscheiden, wer überflüssig war. Dass viele Macheten mit Spendengeldern der naiven Europäer finanziert wurden, haben die Entwicklungshilfeorganisationen natürlich verschwiegen, ebenso die Tatsache, dass sie nach dem Krieg auch Massenmörder durchgefüttert haben – Hauptsache, man hat geholfen.

Saudi-Arabien

Einwohnerzahl in Millionen: 1950: 3; 2010: 27; 2050: 40; 2100: 37.

Fläche: 2 240 000 km^2. Bevölkerungsdichte: 13 E/km^2.

Die Grenzen Saudi-Arabiens wurden 1932 festgelegt. In Saudi-Arabien hat es noch viel Platz, aber immer weniger Grundwasser, da die Bevölkerungszahl gestiegen ist. Solange die Erdölvorräte reichen und das Geld im Überfluss vorhanden ist, kann man aus Meerwasser Süßwasser herstellen.

Da man weder Erdöl noch Sand essen kann, betreibt Saudi-Arabien ein sogenanntes „Land Grabbing". In armen Ländern wird Land gekauft oder gepachtet, um die Bevölkerung Saudi-Arabiens mit Nahrung versorgen zu können. Die Interessen der verarmten Bevölkerung des Entwicklungslandes, wo das Ackerland gepachtet wurde, bleiben auf der Strecke. Das „Recht auf Nahrung" ist eine dieser utopischen Forderungen der UNO. Mit Nahrung kann man nicht nur Menschen ernähren, man kann die Nahrungsmittel auch zu Biokraftstoffen verarbeiten und verkaufen. Nahrung ist also nichts anderes als Energie. Man könnte also genauso gut ein „Recht auf Energie" und – da Energie käuflich ist – ein „Recht auf Geld" postulieren. Probieren Sie es nächstes Mal an der Tankstelle. Sagen Sie dem Tankwart: „Ich habe Recht auf Energie", und dann fahren Sie ohne zu bezahlen davon – ob er das auch so sieht, werden Sie bald feststellen.

Schweden

Einwohnerzahl in Millionen: 1950: 7; 2010: 9; 2050: 12; 2100: 14.
Fläche: 449 964 km². Bevölkerungsdichte: 21 E/km².

Schweden hatte 1815 2,45 Millionen Einwohner, 1860 waren es bereits 4 Millionen. Die überschüssige Landbevölkerung wanderte in die Städte und ins Ausland ab. Im Norden des Landes wurde Neuland erschlossen und es kam zu Konflikten mit den Samen, die umgesiedelt wurden. 1910 wohnte jeder fünfte Schwede in den USA.

Heute hat Schweden im Vergleich zu vielen europäischen Ländern mit 1,88 Kindern pro Frau eine relativ hohe Geburtenrate. Schweden ist ein Wohlfahrtsstaat, wo die Steuern zwar hoch, aber dafür die Leistungen des Staates großzügig sind. Eine höhere Erwerbstätigkeit der Frauen sollte den Fachkräftemangel beheben und nicht die Einwanderung von Arbeitskräften. Es ist selbstverständlich, dass beide Elternteile voll erwerbstätig sind. Dies wird durch flächendeckende Kinderkrippen ermöglicht. Die familienexterne Betreuung wird hoch subventioniert und die Arbeitnehmer haben ein Recht auf Teilzeitarbeit, solange die Kinder klein sind. Schweden sollte ein Vorbild für andere Staaten Europas sein, um die eigene Bevölkerung vor dem Aussterben zu schützen.

Als in Amerika und Australien Gold gefunden wurde, machten sich Tausende Europäer auf den Weg, um ihr Glück zu suchen. Die heutigen Goldfunde sind die gut ausgebauten Sozialwerke der europäischen Staaten wie in Schweden, die Menschen aus den armen Entwicklungsländern anlocken. 2013 kam es in Stockholm zu Asylantenkrawallen. Im Stadtteil Husby leben vorwiegend Einwanderer, da die meisten Schweden weggezogen sind. Die Hoffnung der Sozialdemokraten, dass eine kunterbunte Gesellschaft entstehen wird, hat sich nicht erfüllt – stattdessen sind Gettos entstanden. Wie jedes Medikament hat auch die Einwanderung eine Nebenwirkung – einen politischen Rechtsrutsch. Die Schwedendemokraten sind eine Anti-Einwanderungs-Partei, die in den letzten Jahren Wahlerfolge feiern konnte. Am 25.12.2014 wurde ein Brandanschlag auf eine Moschee in Eskilstuna verübt. Das friedliche Zusammenleben verschiedener Religionen lässt sich offenbar auch in Schweden nicht erzwingen.

Schweiz

Einwohnerzahl in Millionen: 1950: 4,6; 2010: 7,8; 2050: 11; 2100: 13.
Fläche: 41 285 km^2. Bevölkerungsdichte: 192 E/km^2.

Die obigen Einwohnerzahlen verbergen die wahren Vorgänge, denn die Bevölkerungszunahme erfolgt heute in erster Linie durch Zuwanderung und nicht durch Geburtenüberschuss wie in einem Entwicklungsland. Die Schweiz war bis zum 19. Jahrhundert ein Auswanderungsland. Die überschüssige männliche Bevölkerung betätigte sich im Ausland als Söldner. Ein Überbleibsel aus dieser Zeit ist die Schweizergarde im Vatikan. Im 19. Jahrhundert wurden viele arme Schweizer von den Behörden förmlich zur Auswanderung gezwungen. Die Gemeindeversammlungen bewilligten die Übernahme der Reisekosten der Habenichtse, um zukünftige Sozialkosten zu vermeiden. Zwei der Schweizer Auswandererkolonien sind das 1819 gegründete Nova Friburgo in Brasilien und New Glarus in den USA, das 1845 gegründet wurde. Die meisten Auswanderer waren Wirtschaftsflüchtlinge, die in der neuen Heimat nicht von Hilfsorganisationen betreut wurden, sondern um das nackte Überleben kämpfen mussten. Heute werden Wirtschaftsflüchtlinge von den Aufnahmeländern mit Unterkunft, Essen etc. versorgt.

Die Schweiz konnte sich aus den Weltkriegen fernhalten, hat aber durch ihre restriktive Haltung gegenüber jüdischen Flüchtlingen im Zweiten Weltkrieg ein Trauma erlitten, das bis heute nachwirkt und zu ideologischen Kämpfen in der Asylfrage führt. Die Linken und die Grünen fordern ein Bleiberecht für alle Flüchtlinge dieser Welt, weil sie die Schande von damals wieder gutmachen wollen. Die heutige Situation unterscheidet sich erheblich vom Zweiten Weltkrieg. Vielen Menschen in Asien und Afrika geht es zwar wirtschaftlich schlecht und es herrschen in einigen Staaten Bürgerkriege, aber meines Wissens gibt es dort keine Gaskammern. Als im Zweiten Weltkrieg die Wehrmacht Russland überfallen hat, sind nicht alle Russen nach Australien geflüchtet und haben dort um Asyl nachgesucht, sondern haben sich bewaffnet und die deutsche Armee zurückgedrängt. Heute gilt die Logik der Flüchtenden: In meiner Heimat herrscht Krieg und das gibt mir das Recht, auf deine Kosten zu leben und dir den Lebensraum wegzunehmen, und wenn du das nicht tust, dann bist du ein Rechtspopulist und Rassist.

Heute ist in der Schweiz der Bevölkerungsaustausch in vollem Gange. Als ich 1965 als Kind in dieses Land eingewandert bin, mussten wir an der Grenze den Pass zeigen – heute kann jeder hineinspazieren und tun, was er will. Die Schweiz ist momentan eher ein Wirtschaftsraum und eine Asyldestination als ein Staat. 1965 waren nur einige Kinder in meiner Schulklasse aus dem Ausland, heute gibt es viele Schulklassen, wo fast alle Kinder Ausländer sind. Damals war die Integrationsindustrie noch nicht so ausgebaut und ich musste mir selber helfen – es hat auch ohne professionelle Helfer zum Hochschulabschluss gereicht. Ich kann mich nicht entsinnen, ob ich 1965 in meiner neuen Heimatstadt je einen Afrikaner gesehen habe – heute läuft mir jeden Tag ein Afrikaner über den Weg. In Zürich entsteht in der Gegend der Langstraße ein Getto – die meisten Einheimischen sind weggezogen –, und so geht es in vielen anderen Städten. Eine bunte Völkervermischung existiert nur in den Köpfen der linken Utopisten – in der Realität trennen sich die Rassen und leben in verschiedenen Stadtteilen. Nach Emmenbrücke, wo sich ein Asylzentrum befindet, möchten die meisten Schweizer aus der Oberschicht und dem Mittelstand nicht hinziehen – auch das beschleunigt die Gettoisierung. Der Bus von Luzern nach Emmenbrücke hat den Spitznamen „Nairobi-Express". Die Schweiz wird ein kunterbunter Vielvölkerstaat, auf den in der Zukunft etliche

Probleme warten. Im Jahr 2009 wurde die Initiative „Gegen den Bau von Minaretten" und im Februar 2014 die Initiative „Gegen die Masseneinwanderung" von Schweizer Stimmbürgern angenommen. Diverse Initiativen zur Verschärfung des Asylrechts wurden zwar angenommen, aber von den linken Machthabern (und vor allem Machthaberinnen) nicht durchgesetzt. In den Schülerhorten der Stadt Zürich wird kein Schweinefleisch serviert, da sich die Einheimischen an die Bräuche der Zugewanderten angepasst haben – die Integrationsindustrie hat komplett versagt.

In den Schweizer Zeitungen sind schon vor einigen Jahren Artikel mit dem Titel „Schweizer raus – Asylanten rein!" erschienen. Wer sich gegen den Rauswurf aus der Wohnung wehrt, wird als Rassist und Rechtspopulist bezeichnet, und da die Schweizer anständige Leute sind, ducken sie sich und machen still den Invasoren Platz. Die ethnischen Säuberungen haben in der Schweiz schon begonnen, aber hier funktioniert es anders in Jugoslawien: Die Schweizer Behörden vertreiben die eigene Bevölkerung aus ihren Wohnungen. Ein gut funktionierender Beamtenapparat kann ein Segen, aber auch ein Fluch sein. Die Beamten erfüllen sowohl in Demokratien wie in Diktaturen immer nur ihre Pflicht und können nie zur Verantwortung gezogen werden. Ich habe mich schon gefragt, was mit mir geschehen würde, wenn ich in Nigeria um Asyl ersuchen würde, und die Behörden schmeißen einen Einheimischen aus der Wohnung und ich ziehe da rein. Ich bin nicht sicher, ob ich die erste Nacht in dieser Wohnung überleben würde.

Einen Kampf um Lebensraum konnte man 2011 in Bettwil beobachten. In diesem Dorf im Kanton Aargau mit etwas mehr als 500 Einwohnern wollten die Behörden eine Asylunterkunft mit 140 Plätzen einrichten. Die Einwohner haben ein Komitee gegründet und es gelang ihnen mit Protesten, Plakaten und Parolen, das Asylzentrum zu verhindern. Das Asylproblem wurde damit nicht gelöst, sondern nur an andere Dörfer weitergereicht, wo neue Asylunterkünfte eröffnet werden. Ich habe in Bettwil die Plakate und Schriftzüge auf der Straße (140 NEIN) gegen das Asylzentrum fotografiert, und wenn man mit einer Spiegelreflexkamera durch die Gegend läuft, macht man sich verdächtig und wird auch angesprochen. Im Dorf ist es offenbar zu Streit zwischen den Asyl befürwortenden Helfern und der übrigen Bevölkerung gekommen. Ich musste auch feststellen, dass die Leute, mit denen ich gesprochen habe, keine Ahnung über die Einwohnerzahlen und die rasante Bevölkerungszunahme der afrikanischen Länder haben. Einer der Vorschläge war, die Asylanten in den Schweizer Alpen unterzubringen statt in Bettwil. Die Bevölkerung in den afrikanischen Ländern südlich der Sahara wird von heute 950 Millionen auf 3,8 Milliarden im Jahr 2100 zunehmen. Es handelt sich hier um die mittlere Variante; bei gleichbleibender Geburtenrate werden es nach den Berechnungen der UNO 16 Milliarden Menschen sein. Falls die Realität irgendwo in der Mitte liegt, werden die heute dünn besiedelten Alpen eine happige Bevölkerungszunahme erleben und die Sozialgelder der Schweiz werden wegschmelzen wie Schnee an der Sonne, denn die Sozialhilfequote ist bei Flüchtlingen sehr hoch. Das Asylwesen war dazu gedacht, verfolgten Menschen Schutz zu bieten – heute ist es die Eintrittskarte in den Sozialstaat eines fremden Landes. Der Jäger und Sammler musste Beute machen, um zu überleben – heute ist die Sozialhilfe die Beute. Leute, die in den Medien von den 17 Asylanten in ihrem Dorf berichten, die überhaupt keine Probleme machen, merken nicht, wo das Hauptproblem liegt. Die Geflüchteten nehmen den Einheimischen den Wohn- und Lebensraum weg.

Die Schweizer Vereinigung Ecopop hat die Volksinitiative „Stopp der Überbevölkerung" lanciert, mit der sie die Zuwanderung in die Schweiz auf 0,2 Prozent beschränken wollte. Offenbar ist weder den Initianten noch den Medien aufgefallen, dass es sich um eine Exponentialfunktion handelt. Meistens wurde behauptet, dass mit der Annahme der Initiative die Bevölkerung nur noch um 16 000 Menschen pro Jahr wachsen dürfe. Das gilt aber nur für das erste Jahr nach der Abstimmung. Wenn man als Basis 8 Millionen Menschen annimmt, dann sind 0,2 Prozent davon die erwähnten 16 000 Personen, und am Ende des ersten Jahres würde die Einwohnerzahl 8 016 000 betragen. Diese größere Zahl ist die neue Berechnungsgrundlage für das zweite Jahr, und im zweiten Jahr würde die Zunahme 16 032 Menschen betragen. Eine Zunahme um 32 Menschen ist nicht viel, aber diese Erhöhung nimmt mit jedem weiteren Jahr zu. Ein Bevölkerungswachstum von 0,2 Prozent bedeutet eine Verdoppelung der Einwohnerzahl in 348 Jahren. Schauen wir in die ferne Zukunft, um zu sehen, was ein Wachstum von 0,2 Prozent anstellen würde: Im Jahr 2362 hätte die Schweiz 16 Millionen Einwohner. Die nächste Verdoppelung würde im Jahr 2710 mit dann 32 Millionen Einwohnern abgeschlossen sein. Für das Jahr 3406 sagt die Exponentialfunktion 128 Millionen Einwohner voraus. Der Dichtestress dürfte im Jahr 4798 ziemlich groß sein, denn jetzt würden in der Schweiz mehr als 2 Milliarden Menschen leben. Für das Jahr 7582 sagt die Exponentialfunktion eine

Einwohnerzahl der Schweiz von 524 Milliarden Menschen voraus. Im folgenden Jahr dürfte die Bevölkerung um mehr als 1 Milliarde Menschen (und nicht nur 16 000) wachsen, denn das sind 0,2 Prozent von 524 Milliarden.

Die wirtschaftsfreundlichen Medien haben die Ecopop-Initiative bekämpft, und weil sie die Exponentialfunktion nicht verstanden haben, wurden den Lesern Märchen aufgetischt. So schrieb die Sonntagszeitung am 2.11.2014: „praktisch keine Zuwanderung mehr", und die NZZ am 21.8.2014: „Bevölkerungswachstum bei 0,2 Prozent einfrieren". Da macht die Exponentialfunktion einen doppelten Salto rückwärts mit Vierfachschraube, wenn sie so etwas liest. Andere Medien sprachen von einer „starren Quote". Die 0,2 Prozent bleiben schon unverändert, aber die Zunahme ist alles andere als starr.

Eine zweite Forderung der Ecopop-Initiative bestand darin, dass 10 Prozent der Entwicklungshilfegelder für freiwillige Familienplanung aufgewendet werden sollten. Hilfsorganisationen, Grüne und Linke warfen der Ecopop vor, sie wolle Eugenik betreiben, dabei sind es die Europäer, die am Aussterben sind und nicht die Menschen in den Entwicklungsländern mit ihren hohen Geburtenraten. Die Ideologie versperrt vielen Menschen den Blick auf die Exponentialfunktion. Falls nicht die Menschen die Geburtenrate senken, wird die Natur die Sterberate erhöhen, um die überschüssige Bevölkerung zu beseitigen, die nicht mehr ernährt werden kann. Offenbar ist für viele Menschen eine Hungersnot weniger schlimm als die Familienplanung.

Die Ecopop-Initiative ist von der Schweizer Bevölkerung abgelehnt worden. Nach der Abstimmung haben die Umfragen bestätigt, was ich vermutet habe: Die Initiative ist an der

Familienplanung gescheitert. Eines Tages wird ein Beamter an der Tür eines Schweizers stehen und sagen: „Sie haben gegen die Familienplanung gestimmt. Die Menschen in Afrika haben sich in der Zwischenzeit stark vermehrt und sind jetzt hier. Packen Sie Ihre Sachen – wir brauchen Ihre Wohnung für die Flüchtlinge!"

Die Ecopop hat in ihrer Initiative einen doppelten Bückling gemacht. Der erste war vor der Wirtschaft, wo man die Einwanderung nicht ganz abwürgen, sondern auf „mickrige" 0,2 Prozent beschränken wollte. Meiner Meinung nach liegt die optimale Einwohnerzahl für die Schweiz bei etwa 4 bis 5 Millionen Menschen. Man könnte mit der Senkung der Einwohnerzahl den Grad der landwirtschaftlichen Selbstversorgung erhöhen und mit weniger Einwohnern gäbe es wieder genügend Bauland, was die Wohnkosten senken würde. Alle Atomkraftwerke der Schweiz könnten abgeschaltet werden, denn die Wasserkraft würde ausreichen, um die Menschen mit elektrischer Energie zu versorgen. In diesem Land, wo alle nach Wachstum schreien, bin ich einer der wenigen, der eine Bevölkerungsreduktion empfiehlt. Den zweiten Bückling hat die Ecopop vor der Hilfsindustrie, den asylfreundlichen Links-Grünen und den religiösen Fundamentalisten gemacht, als man nur 10 Prozent der Entwicklungshilfe für die Familienplanung abzweigen wollte. Da ja die Entwicklungshilfe gescheitert ist und bis heute in Afrika das Elend wegen der Bevölkerungszunahme nicht in den Griff bekommen hat, sollte man nicht 10, sondern 100 Prozent der Entwicklungshilfegelder für die Familienplanung aufwenden. Es geht nicht darum, irgendwen auszurotten, sondern um eine optimale Bevölkerungszahl zu erreichen wie z. B. in Neuseeland oder Finnland, wo die Bevölkerung nicht rasant wächst und Wohlstand herrscht.

Im Jahr 2015 ist Frau Simonetta Sommaruga Bundespräsidentin der Schweiz. Sie ist Konzertpianistin und Mitglied der Sozialdemokratischen Partei. Leider versteht sie nicht viel von Demografie, was sie mit ihrer Kritik an der Familienplanungs-Initiative der Ecopop gezeigt hat. Wenn ein Land von einer Konzertpianistin regiert wird, da kann der Niedergang nicht mehr weit sein. Noch mehr als die Linken setzten sich die Grünen für die Asylanten ein. Die Schweiz hat im 19. Jahrhundert die einheimische arme Bevölkerung zur Auswanderung gezwungen, heute importiert sie Habenichtse aus Afrika und bringt sie in Wohnungen in bester Lage unter, die sich ein Einheimischer nicht leisten kann. So wurden an der Sonnenbergstraße in Zürich Asylanten in exklusiven Wohnungen mit Blick auf den Zürichsee untergebracht. Wer in der Schweiz die SP und die Grünen wählt und eines Tages aus der Wohnung geworfen wird, weil die Flüchtlinge Wohnraum brauchen, kann sich an der eigenen Nase nehmen. Die Linken und die Grünen sind die Totengräber der Schweiz.

Im Jahr 2323 gehen die Eltern mit ihren Kindern ins Kunsthaus Zürich und betrachten das Gemälde „Johanna" von Franz Gertsch. Da fragen die Kinder: „Was ist das für ein seltsames Mädchen mit blonden Haaren und blauen Augen?" Da meint der Vater: „Ach, solche Menschen haben früher hier gelebt. Heute gibt es noch welche in Island."

Singapur

Einwohnerzahl in Millionen: 1950: 1; 2010: 5; 2050: 7; 2100: 6.

Fläche: 710 km². Bevölkerungsdichte: 7301 E/km².

Singapur war nur von wenigen Fischern besiedelt, bis dort 1819 eine britische Niederlassung gegründet wurde. Wegen der günstigen Verkehrslage wuchs die Bedeutung Singapurs und damit erhöhte sich die Einwohnerzahl bis 1881 auf 170 000. Im Zweiten Weltkrieg wurde Singapur von den Japanern besetzt, kam aber nach der Kapitulation Japans unter britische Verwaltung. 1962 wurde Singapur noch in einer Föderation mit Malaya unabhängig. 1964 kam es zu Unruhen zwischen der chinesischen Bevölkerung und anderen ethnischen Minderheiten. 1965 trennte sich Singapur von der Föderation und wurde ein selbstständiger Staat. Die wichtigsten ethnischen Gruppen Singapurs sind Chinesen (74,1 Prozent), Malaien (13,4 Prozent) und Inder (9,2 Prozent). Singapur ist ein wichtiger Hafen und ein globales Finanzzentrum. Die Stadt ist reich und gilt als Erfolgsmodell, auch wenn es keine lupenreine Demokratie ist. Die repressive Politik hat ethnisch begründete gewaltsame Auseinandersetzungen verhindert, aber sollte der Wohlstand eines Tages sinken, werden wahrscheinlich Verteilungskämpfe entlang der ethnischen Grenzen stattfinden.

Da die Geburtenrate in den 1960er-Jahren hoch war, wurde 1970 die Kampagne *Stop at Two* ins Leben gerufen, damit die Frauen höchstens zwei Kinder bekommen. Schon fünf Jahre später zeigte die Kampagne Erfolg und 1983 wurde eine Kampagne gestartet, die Akademikerinnen dazu bringen sollte, mehr Kinder auf die Welt zu bringen. 1986 lautete der Name der neuen Kampagne *Have Three or More (if you can afford it)*. Die Frauen sollten drei oder mehr Kinder auf die Welt bringen, falls sie sich das finanziell leisten können. Momentan ist die Geburtenrate immer noch sehr niedrig. Diese Wechsel der Bevölkerungskampagnen zeigen, wie schwierig es ist, die Einwohnerzahl eines Landes zu regulieren und konstant zu halten.

Spanien

Einwohnerzahl in Millionen: 1950: 28; 2010: 46; 2050: 48; 2100: 41.

Fläche: 504 645 km^2. Bevölkerungsdichte: 92 E/km^2.

Im 5. Jahrhundert sind die Westgoten im Rahmen der Völkerwanderung auf der iberischen Halbinsel angekommen und haben sich mit der ursprünglichen Bevölkerung vermischt. Das Jahr 711 war einer der Wendepunkte der europäischen Geschichte. Araber und Berber erreichten über die Meerenge von Gibraltar den europäischen Kontinent. Das westgotische Heer wurde geschlagen und 712 fiel Toledo, 714 Zaragoza, und bald war ein Großteil Spaniens in islamischen Händen. Die Moslems stellten die Führungs- und Verwaltungsschicht und es kam zu einer Islamisierung des öffentlichen Lebens. Den Christen und Juden war der Neubau von Kirchen und Synagogen verboten. 723 gelang es Karl Martell in der Schlacht bei Tours und Poitiers, den islamischen Vormarsch zu stoppen. Bekannte Zeugnisse der muslimischen Vergangenheit sind die Moschee von Cordoba und die Alhambra von Granada.

Schon bald nach der Eroberung Spaniens durch die nordafrikanischen Truppen begann die Reconquista (Rückeroberung), die bis 1492 gedauert hat. Nach der vollständigen Rückeroberung wurden die Muslime und Juden aus Spanien vertrieben. Die nordafrikanische Städte Ceuta und Melilla wurden von Spanien erobert. Über diese beiden spanischen Exklaven versuchen heute viele afrikanische Flüchtlinge nach Europa zu gelangen.

Im Spanischen Bürgerkrieg, der von 1936 bis 1939 gedauert hat, konnten Francos Truppen den Sieg erringen und damit den Faschismus an die Macht bringen. Unter Franco wurden die separatistischen Bewegungen bekämpft. Baskisch, Katalanisch und Galicisch wurden in Ämtern und Schulen untersagt. Im faschistischen Staat ist die katholische Kirche wieder erstarkt und die Verhütung und Abtreibung wurden verboten. Der Kinderreichtum wurde mit staatlichen Programmen gefördert. Eltern bekamen günstige Kredite und das Schulgeld wurde ihnen erlassen. Nach Francos Tod wurde die politische Rechte geschwächt und der Einfluss der Kirche sank, was man besonders an der Einführung eines liberalen Abtreibungsgesetzes erkennen kann. Die katholische Kirche genoss seit Jahrhunderten Privilegien und war ein Grund für die Rückständigkeit Spaniens. Wenn Gelder für den Bau von Kirchen und die Löhne der Kirchenmänner verwendet werden, statt die Industrialisierung voranzutreiben, ist das leicht nachzuvollziehen.

Ein Land, in dem mehrere Minderheiten leben, ist immer vom Zerfall bedroht. Im Nordosten Spaniens leben viele Basken und sie möchten einen eigenen Staat errichten. Die

ETA hat viele Anschläge verübt, um dieses Ziel zu erreichen. In Katalonien hat sich eine Mehrheit für eine Abspaltung von Spanien ausgesprochen. Statt eines multikulturellen Paradieses kommt es in der Realität meistens zu Streit und im schlimmsten Fall zu einem Bürgerkrieg zwischen den einzelnen Volksgruppen.

Die Politik geht immer den Weg des geringsten Widerstandes. So wurden im Jahr 2005 in Spanien etwa 700 000 illegale Einwanderer legalisiert. 2008 kam es zur Wirtschaftskrise und viele Spanier sind ausgewandert. Das führt irgendwann zu einem Bevölkerungsaustausch, denn die Geburtenrate ist in Spanien sehr niedrig. In Spanien hatte zu Beginn des Jahrtausends eine Frau nur 1,24 Kinder. Dieser Wert erhöhte sich bis 2008 auf 1,47, fiel aber nach der Finanzkrise bis 2011 auf einen Wert von 1,36 Kindern pro Frau.

Anstatt in Kindergärten und Schulen zu investieren, wollen sich die Politiker mit gigantischen Bauprojekten ein Denkmal setzen. 2011 wurde der Flughafen Castellon eingeweiht, der momentan unbenutzt ist – die Baukosten betrugen 150 Millionen Euro. In Valencia wurde etwa 1 Milliarde Euro für Prachtbauten (Kulturzentrum, Oper, Museen) ausgegeben. Die Anlagen im Hafen, die für den America's Cup errichtet wurden, sind heute mehrheitlich unbenutzt, gleichzeitig werden die Kinder in Containern unterrichtet, weil das Geld für die Schulgebäude fehlt. An so vielen Orten sind die Politiker für Fehlplanung, Größenwahn und Misswirtschaft verantwortlich und ich frage mich, wie die Spanier vor dem Aussterben bewahrt werden sollen. Leider ist es nicht nur in Spanien so: Wenn Scharlatane von Ahnungslosen gewählt werden, dann nennt man das Demokratie. Die angeblich beste aller Regierungsformen hat leider einen schlimmen Nebeneffekt: Sie führt zum Aussterben der einheimischen Bevölkerung und somit zu einem Bevölkerungsaustausch. An dieser Stelle könnte man Shakespeare zitieren: Das ist die Seuche dieser Zeit, Verrückte führen Blinde.

Die Guanchen stammen von den Berbern ab und waren die frühen Einwohner der Kanarischen Inseln. Sie lebten in einer steinzeitlichen Kultur bis zur spanischen Eroberung, die 1402 auf Lanzarote begann. 1496 kam es zu einer Schlacht zwischen den Einheimischen und den Spaniern auf Teneriffa, und Sie können sich vorstellen, wer verloren hat. Die Guanchen wurden entweder umgebracht oder verschleppt und die Übriggebliebenen heirateten einen spanischen Partner. Dank kräftiger katholischer Missionierung war die Kultur der Guanchen bald verschwunden. Geblieben sind von den Guanchen einige Ausdrücke im kanarischen Dialekt und etliche Ortsbezeichnungen. Die Guanchen sind ein gutes Beispiel dafür, wie ein Volk fast spurlos verschwinden kann.

Sri Lanka

Einwohnerzahl in Millionen: 1950: 8; 2010: 21; 2050: 24; 2100: 22.
Fläche: 65 610 km^2. Bevölkerungsdichte: 310 E/km^2.

Sri Lanka ist eines der vielen Beispiele für das Scheitern einer multireligiösen und multiethnischen Gesellschaft. Das Land wurde zuerst von Portugal, dann von den Niederlanden kolonisiert, bis es 1815 eine britische Kolonie wurde. 1983 brach ein Bürgerkrieg zwischen den buddhistischen (der Buddhismus wird in Europa als friedlich geschildert) Singhalesen und den hinduistischen (auch das soll eine friedliche Religion sein) Tamilen aus, der 2009 für beendet erklärt wurde. Man fragt sich immer wieder, woher die Multikulturalisten ihre geschichtlichen Belege für das friedliche Zusammenleben verschiedener Ethnien und Religionen hernehmen. Ein Staat wie Sri Lanka mit einer heterogenen Bevölkerung ist das beste Beispiel dafür, wie die Zukunft Europas eines Tages aussehen wird, wenn Dutzende von afrikanischen Stämmen mit verschiedenen Religionen den Kontinent bevölkern.

Südafrika

Einwohnerzahl in Millionen: 1950: 14; 2010: 51; 2050: 63; 2100: 64.

Fläche: 1 219 090 km². Bevölkerungsdichte: 41 E/km².

1652 wurde von den Holländern die Kapkolonie gegründet. Im Kampf um Lebensraum und Wasser kam es zu Konflikten mit der einheimischen Bevölkerung. 1795 eroberten die Briten die Kolonie und 1815 wurde dies am Wiener Kongress bestätigt. Die Buren waren Viehzüchter und suchten neues Land im Norden, wo sie auch ausgedehnte Flächen fanden und die alteingesessene Bevölkerung verdrängten. Nach dem Burenkrieg (1899 bis 1902) wurden sämtliche Territorien Südafrikas unter britische Herrschaft gestellt. 1923 wurde ein Gesetz für nach Rassen getrennte Wohngebiete erlassen. Es kam zur Zwangsumsiedlung der schwarzen Bevölkerung aus den Städten in außerhalb gelegene Townships – Städte waren Orte der Weißen. Von 1948 bis 1994 herrschte die Apartheid (Rassentrennung). Staatliche Einrichtungen wie Schulen, Strände, Parkbänke und öffentliche Toiletten wurden rassengetrennt, und es wurde ein Gesetz gegen Gemischtehen erlassen. 1994 wurde die Apartheid beendet und Nelson Mandela wurde als Präsident vereidigt.

Südafrika wird von Politikern gerne als „rainbow nation" bezeichnet. Diese bunte Vermischung aller Völker entspricht nicht der Realität – vielmehr müsste man Südafrika als „getto nation" bezeichnen. Viele Schwarze leben in Wellblechhütten in den Townships, während sich die weiße Bevölkerung in den „gated communities" (eingezäunte Siedlungskomplexe mit Zugangskontrolle) hinter Stacheldraht selber eingesperrt hat. Es ist ein Naturgesetz der Gesellschaft: Die Reichen wollen nicht mit den Armen und die Weißen wollen nicht mit den Schwarzen zusammenleben. In allen Städten dieser Welt findet man deshalb „bessere" und „schlechtere" Quartiere.

In unseren Medien werden meistens die Europäer als fremdenfeindlich und die Afrikaner als Opfer dargestellt. In den letzten Jahren ist es in Südafrika immer wieder zu Zusammenstößen mit vielen Toten zwischen südafrikanischen Afrikanern und illegalen Einwanderern aus anderen afrikanischen Ländern gekommen. Wenn es um Lebensraum und Arbeitsplätze geht, dann werden alle Menschen fremdenfeindlich, egal welcher Rasse sie angehören. In Europa wird oft die Rassismuskeule geschwungen. Wenn ein Schwarzer einen Schwarzen umbringt – ist das auch Rassismus? Dass ein Afrikaner einen anderen Afrikaner umbringt, nur weil er sich illegal im Land aufhält, passt nicht in das Weltbild der Weltoffenen, die mit „Bleiberecht für alle"-Plakaten protestieren. Sie sollten so ein

Plakat ganz genau anschauen: Unter der mit großen Buchstaben geschriebenen Forderung „Bleiberecht für alle" steht ganz winzig und klein geschrieben: „aber nicht in meiner Wohnung".

Thailand

Einwohnerzahl in Millionen: 1950: 20; 2010: 66; 2050: 61; 2100: 40.

Fläche: 513 115 km^2. Bevölkerungsdichte: 135 E/km^2.

Im Jahr 1850 hatte Thailand mehr als 5 Millionen Einwohner. In den 1960er-Jahren lag das jährliche Bevölkerungswachstum bei 3,2 Prozent. Wenn wir als Anfangswert die 20 Millionen Einwohner von 1950 nehmen und eine konstante Bevölkerungszunahme um 3,2 Prozent pro Jahr annehmen, dann hätte Thailand im Jahr 2100 eine Einwohnerzahl von 2,18 Milliarden Menschen gehabt. Damit es nicht so weit kommt, hat Thailand 1968 eine Behörde für Familienplanung geschaffen. Mit Familienplanungsprogrammen und finanziellen Anreizen wie landwirtschaftlichen Krediten für das Ausbleiben von Schwangerschaften ist es gelungen, das unkontrollierte Bevölkerungswachstum zu verlangsamen. Dieses Beispiel zeigt, dass man auch ohne Zwangsabtreibungen wie in China eine erfolgreiche Familienpolitik betreiben kann. In der Zwischenzeit ist die Geburtenrate auf 1,5 Kinder pro Frau gesunken und Thailand wird sie irgendwann auf 2,1 erhöhen müssen, um das langfristige Aussterben der Bevölkerung zu verhindern. Es ist eine hohe Kunst, die Bevölkerungszahl eines Landes konstant zu halten. Das Hauptproblem ist, dass die Maßnahmen der Bevölkerungsplanung erst Jahrzehnte später wirksam werden und manchmal über das beabsichtigte Ziel hinausschießen.

90 Prozent der Einwohner Thailands sind Buddhisten. In nördlichen Grenzregionen leben diverse ethnische Minderheiten. Im Süden des Landes leben 2 Millionen moslemische Malaien und in einigen Provinzen stellen sie die Bevölkerungsmehrheit. Die im Jahr 1909 gezogene Grenze durchschneidet islamisches Siedlungsgebiet. Statt die Grenzen neu zu ziehen und Menschen umzusiedeln, um die Region zu befrieden, werden Terroranschläge und kriegsähnliche Auseinandersetzungen in Kauf genommen. Die einfachste Bastelanleitung für einen Krieg lautet: Man nehme ein Territorium und darauf zwei Religionen.

In den Köpfen vieler Menschen hat sich die Überzeugung verankert, dass die Religionen nicht an Kriegen schuld sind, sondern nur vorgeschoben werden, damit man die wahren Ursachen nicht erkennt. Ich möchte Ihnen ein Erlebnis schildern und zeigen, wie die Religionen das Leben der Menschen vergiften und die wahre Ursache der Probleme des Zusammenlebens sind. Ich war mit einem Bekannten in einer Stadt in der Ostschweiz unterwegs, als wir von einer älteren Frau angesprochen wurden, die uns von den Zeugen Jehovas berichten wollte. Mein Bekannter hat ihr angeboten, seiner Neuapostolischen Kirche einen Besuch abzustatten, worauf die Frau wie ein Känguru auf die Seite gesprungen ist und meinen Bekannten beschimpft hat. Beim Weggehen hat sie noch gesagt: „Mein Bruder ist auch bei denen, verflucht soll er sein!" Ihren eigenen Bruder hat sie verflucht, nur weil er einer anderen Religionsgemeinschaft angehört hat – wie wird es erst den Fremden ergehen, die nicht den gleichen Glauben haben.

Thailand ist ein beliebtes Reiseziel. Als sich 2004 an einem Tag das Meer zurückgezogen hat, haben etliche Touristen am Strand nach Muscheln gesucht. Es gab aber auch solche, die ein Buch über Ozeanografie gelesen hatten und darum wussten, dass das Zurückziehen des Meeres ein Vorbote eines Tsunami ist, und deshalb auf eine Anhöhe geflohen sind. Das Epizentrum des Erdbebens, das diese tödlichen Wellen verursacht hat, lag im Ozean vor Indonesien und Thailand. Das Epizentrum des Bevölkerungswachstums liegt in den Ländern südlich der Sahara und löst einen Menschentsunami aus, der Europa in den nächsten Jahrzehnten überfluten wird. So wie die meisten Menschen vor dem 26.12.2004 nicht wussten, was ein Tsunami ist (ein japanisches Gericht?), so wenig wissen heute die meisten Europäer über die Demografie der afrikanischen Länder. Dieses Unwissen wird die Europäer eines Tages noch teuer zu stehen kommen.

Tschechoslowakei

Hier habe ich keine Bevölkerungszahlen erwähnt, da dieses Land nicht mehr existiert. Die Tschechoslowakei ist nach dem Ersten Weltkrieg entstanden und 1992 wurde sie in zwei Staaten aufgeteilt: Tschechische und Slowakische Republik. Im Gegensatz zu Jugoslawien ging diese Trennung ohne Krieg über die Bühne. Beide Länder leiden mit 1,4 Kindern pro Frau unter Bevölkerungsschwund.

Zwischen den beiden Weltkriegen haben in der Tschechoslowakei verschiedene Volksgruppen gelebt. Die drei größten Bevölkerungsgruppen waren: Tschechen 49 Prozent,

Deutsche 23 Prozent und Slowaken 22 Prozent. Die 3,5 Millionen Sudetendeutschen forderten die Autonomie, und schon war Hitler zur Stelle, um seinen Landsleuten zu helfen, denn wo Deutsche leben, da ist Deutschland. Im Münchner Abkommen von 1938 wurde der Abtretung des Sudetenlandes an Deutschland zugestimmt und Chamberlain wurde als Friedensmacher gefeiert. Im März 1939 wurde der Rest der Tschechoslowakei besetzt und die Friedenspolitik war damit gescheitert. Einmal mehr zeigt die Geschichte, dass Vielvölkerstaaten zum Scheitern verurteilt sind. Es gibt auch heute Chamberlains, die meinen, dass Millionen von afrikanischen Flüchtlingen ein Segen für Europa sind.

Nach dem Zweiten Weltkrieg wurden mehr als 3 Millionen Deutsche vertrieben, da man ihnen das Zusammengehen mit Hitler nicht verziehen hat und eine Wiederholung der Geschichte vermeiden wollte. Man hat in der Praxis gesehen, dass ein friedliches Zusammenleben verschiedener Völker auf die Dauer eine Utopie ist. Schon eine Wohngemeinschaft mit einigen wenigen Menschen funktioniert oft nicht gut.

1986 wurde die Tschechoslowakei von den Truppen des Warschauer Paktes besetzt und damit wurde der Prager Frühling unter Alexander Dubćek beendet. Tausende von Tschechoslowaken sind in den Westen geflüchtet und sind in ihren Aufnahmeländern klaglos integriert worden. Viele ziehen daraus falsche Schlüsse und meinen, dass es mit Flüchtlingen aus Somalia genauso reibungslos funktionieren wird. In Somalia sind mehr als 90 Prozent der Frauen genitalverstümmelt. Die Begeisterung der europäischen Helferinnen an männlichen Flüchtlingen aus diesem Land kann ich nicht nachvollziehen.

Tunesien

Einwohnerzahl in Millionen: 1950: 3; 2010: 10; 2050: 13; 2100: 11.

Fläche: 163 610 km^2. Bevölkerungsdichte: 66 E/km^2.

Tunesien ist ein afrikanisches Land, das nördlich der Sahara liegt, und im Gegensatz zu den Ländern südlich der Sahara hat es die Bevölkerungszunahme in den Griff bekommen. Das Land hat zwar politische und wirtschaftliche Probleme, aber wenigstens gesellt sich nicht ein unkontrolliertes Bevölkerungswachstum hinzu.

Türkei

Einwohnerzahl in Millionen: 1950: 21; 2010: 72; 2050: 94; 2100: 86.

Fläche: 779 452 km^2. Bevölkerungsdichte: 95 E/km^2.

Aus den Trümmern des Osmanischen Reiches ist nach dem Ersten Weltkrieg der türkische Staat entstanden, der nach kultureller, sprachlicher und ethnischer Homogenität gestrebt hat, und weil es diese in der Realität nicht gab, wurden die Minderheiten terrorisiert. Schon vor der Entstehung des neuen Staates kam es zum Genozid an den Armeniern. Die Kurden wurden nicht als eine eigenständige Bevölkerungsgruppe, sondern als Bergtürken betrachtet. 1924 wurde Kurdisch verboten und Türkisch als einzige Amtssprache akzeptiert.

Weil die Geburtenrate gesunken ist, will die jetzige Regierung diese mit finanziellen Anreizen wieder erhöhen. Die Machthaber befürchten, dass sich die ethnische Zusammensetzung des Landes zuungunsten der Türken verändern wird, weil die Geburtenrate der Minderheiten in den weniger entwickelten Landesteilen höher ist. Das von den Linken in Westeuropa angestrebte bunte Völkergemisch zeigt in der Praxis seine Tücken: Jede Volksgruppe fühlt sich benachteiligt und will sich irgendwelche Privilegien erkämpfen.

Im Südosten der Türkei werden Staudämme gebaut, die nicht nur der Stromgewinnung, sondern auch der Bewässerung dienen sollen. Jede Lösung hat auch ihre Nebenwirkungen: Ortschaften werden von Stauseen überflutet und die Ökologie leidet. Irak und Syrien, die am Unterlauf von Euphrat und Tigris liegen, werden wegen der Wasserentnahme durch die türkischen Landwirtschaftsbetriebe weniger Wasser erhalten. In den Medien wird immer der Begriff „Wasserknappheit" verwendet. Wasserknappheit gibt es nur dort, wo zu viele Menschen leben – nur wegen der Überbevölkerung wird das Wasser knapp.

USA

Einwohnerzahl in Millionen: 1950: 158; 2010: 312; 2050: 400; 2100: 462.
Fläche: 9 809 155 km^2. Bevölkerungsdichte: 32 E/km^2.

Das Gebiet der heutigen USA ist wahrscheinlich vor 20 000 Jahren durch Einwanderer aus Asien besiedelt worden. Die Indianer sind die Nachkommen dieser ersten Siedler. 1492 machte sich Columbus auf die Reise nach Asien und landete in Amerika, und bald begann die Besiedlung des Kontinents. 1620 landete das Schiff Mayflower im Nordosten der USA. Es waren viele religiöse Fundamentalisten (Pilgerväter) an Bord, deren Ideologie bis heute das soziale Leben der USA bestimmt. Die europäischen Siedler haben mit tatkräftiger Hilfe ansässiger Indianer die ersten Jahre überlebt und irgendwann kam es zum Streit um Lebensraum. Wenn die Indianer gewusst hätten, was ihnen blüht, hätten sie sich anders verhalten. Die heutigen Helfer in Europa sind genauso ahnungslos wie die Indianer damals.

Die überschüssige, arme Bevölkerung Europas suchte ihr Glück auf der anderen Seite des Atlantiks. Der Siedlungsdruck der Neuankömmlinge wurde immer größer und die Indianer wurden immer weiter in den Westen des Landes in die Reservate abgedrängt. Diesem Menschenansturm konnten die Indianer wenig entgegensetzen, da sie in der Unterzahl waren und viele von ihnen durch die eingeschleppten Krankheiten umkamen. Aus der Sicht der europäischen Einwanderer war der Raum unbesiedelt. Die Indianer hatten kein Grundbuchamt und in ihrer Vorstellungswelt konnte man die Natur genauso wenig besitzen wie die Luft, die man atmet. 1830 verabschiedete der Kongress den **Indian Removal Act**, der die gesetzliche Grundlage für Massendeportationen und Zwangsumsiedlungen bot. Man schätzt die Bevölkerungszahl der Indianer vor dem Eintreffen der Europäer auf 10 bis 12 Millionen. Ende des 19. Jahrhunderts waren die Indianer fast ausgerottet, und man schätzt die damalige Zahl der Überlebenden auf etwa 237 000. Heute leben etwa 4 Millionen Indianer in mehr als 200 Reservaten im westlichen Teil der USA. Die Geschichte lehrt uns immer wieder, dass den Invasoren die einheimische Bevölkerung egal ist. Die nach Amerika ausgewanderten Europäer haben nicht den Lebensstil der Indianer angenommen und haben auch nicht deren Sprache gelernt, sondern ihr eigenes Leben gelebt, und wenn dabei die Indianer im Weg waren, hat man sie ausgerottet und vertrieben.

Bereits 1619 wurden erste Sklaven aus Afrika in die USA verschleppt. Sie wurden im Süden des Landes auf Tabak- und Baumwollplantagen eingesetzt. Schon früh kam es zu Spannungen zwischen Befürwortern und Gegnern der Sklaverei, und ein wichtiger Grund für den Sezessionskrieg von 1861 bis 1865 war die Sklaverei. Den Plantagenbesitzern der Profit – dem Staat der Bürgerkrieg. Die Rassentrennung war mit dem Krieg zwischen den Nord- und Südstaaten nicht beendet, sondern dauerte bis in die 1950er-Jahre an. Die Rassenprobleme sind heute noch aktuell, wie die Unruhen Ende 2014 in Ferguson – einem Vorort von St. Louis – zeigen, wo ein weißer Polizist einen farbigen Jugendlichen erschossen hat. Die USA haben Jahrhunderte später immer noch soziale Probleme, weil habgierige Plantagenbesitzer billige Arbeitskräfte brauchten und Sklaven importiert haben.

Seit Jahrzehnten findet in erster Linie eine Einwanderung von billigen, aber illegalen Arbeitskräften aus Mexiko statt. Schon in den späten 1920er-Jahren wurden die Grenzkontrollen zu Mexiko verstärkt, aber es ist den USA bis heute nicht gelungen, die Migration zu verhindern. Viele US-Bürger sind gegen die illegale Einwanderung eingestellt – dass die eigene Putzfrau und der Gärtner illegale Mexikaner sind, das stört sie nicht. Vor allem im Südwesten der USA ist ein Mexamerica entstanden. Es leben so viele Mexikaner in gewissen Regionen, dass sich viele nicht assimilieren, da sie eigene TV-Stationen und Zeitungen haben und ihr soziales Umfeld vorwiegend aus Mexikanern besteht.

Viele, die im Westen der USA unterwegs waren, haben mir in Diskussionen zu Bevölkerungsfragen gesagt: „Da hat es noch viel Platz." Mit dieser Aussage zeigen sie nur, dass sie die Probleme der Überbevölkerung nicht verstanden haben. Der Fluss Colorado ist gestaut und sein Wasser dient der Elektrizitätsgewinnung, aber auch der Bewässerung und der Versorgung der Städte mit Wasser. Diese Wasserentnahme ist so groß, dass der mächtige Colorado im Mündungsgebiet nur ein Rinnsal ist und oft den Ozean nicht erreicht. Der limitierende Faktor der Besiedlung ist nicht der Platz, son-dern das vorhandene Wasser.

Römisches Reich

Die Stadt Rom wurde der Sage nach 753 vor unserer Zeitrechnung gegründet. Die Stadt war der Ausgangspunkt für das spätere Imperium, das den ganzen Mittelmeerraum umfasst hat. Im 1. und 2. Jahrhundert unserer Zeitrechnung hatte das Römische Reich seine größte Ausdehnung. Heute noch sind die Kultur, die Verwaltung und der wirtschaftliche Erfolg dieses Riesenreiches beeindruckend. Es gibt unzählige Bücher über das Römische Reich, aber ein Thema wird von vielen Autoren vernachlässigt: die Demografie. Die Einwohnerzahl im gesamten Staatsgebiet wird auf 50 bis 60 Millionen geschätzt. Offenbar blieb die Bevölkerungszahl über Jahrhunderte einigermaßen stabil. Was in den ersten vier Jahrhunderten unserer Zeitrechnung geschehen wäre, wenn die Bevölkerung zu- oder abgenommen hätte, möchte ich an zwei Beispielen zeigen. Nehmen wir für beide Beispiele als Ausgangswert eine Bevölkerung des Römischen Reiches von 50 Millionen Menschen an.

Bei einer Verdoppelung der Einwohnerzahl alle 50 Jahre hätte das Römische Reich im Jahr 100 eine Bevölkerung von 200 Millionen ernähren müssen. Im Jahr 250 wäre die Bevölkerung auf 1,6 Milliarden gewachsen und im Jahr 400 hätten 12,8 Milliarden Menschen im Römischen Reich gelebt. Die damalige Landwirtschaft hätte niemals eine so hohe Bevölkerungszahl ernähren können und es wäre zu Hungersnöten, Unruhen und zum Zerfall des Römischen Reiches gekommen. Dieses Szenario findet heute in den Entwicklungsländern statt. In etlichen afrikanischen Ländern verdoppelt sich die Einwohnerzahl alle 35 Jahre und in einigen sogar noch schneller.

Betrachten wir nun das Beispiel der Bevölkerungsabnahme der ursprünglichen 50 Millionen Einwohner des Römischen Reichs zur Zeitwende. Bei einer Halbierung der Bevölkerungszahl alle 50 Jahre hätte das Römische Reich im Jahr 100 nur noch 12,5 Millionen Einwohner gehabt. Im Jahr 250 wären noch 1,56 Millionen Menschen da gewesen. Im Jahr 400 hätte das gesamte Römische Reich nur noch 195 313 Einwohner gehabt. Mit einer so geringen Bevölkerungszahl hätte man nicht ein riesiges Gebiet beherrschen können. Dieser Bevölkerungsschwund findet heute in Europa statt und wird zum Niedergang des Kontinents führen.

Beide Szenarien treffen auf das Römische Reich nicht zu. Die Geschichte zeigt, dass eine stabile Bevölkerungszahl die Grundbedingung für ein erfolgreiches Weltreich ist. Eine starke Zu- oder Abnahme der Bevölkerung führt langfristig ins Verderben. Ein Bevölkerungsrückgang durch eine geringe Geburtenrate hat schon bei den Römern begonnen, aber man hat Gegensteuer gegeben. So wurden Väter von mindestens 3 Kindern bei der Vergabe von öffentlichen Ämtern bevorzugt. Männer und Frauen mussten in einem bestimmten Alter verheiratet sein. Unverheiratete und Kinderlose durften ihr Vermögen nicht frei vererben und ein Teil des Erbes ging an die Staatskasse. Eine sinkende Geburtenrate ist offenbar ein Hinweis auf die Endzeit eines Weltreiches, was momentan auch in Europa geschieht, das langsam in ein Alters- und Asylheim umgewandelt wird.

An der Grenze zu den Germanen im Norden haben die Römer seit dem ersten Jahrhundert den Limes errichtet. Es war eine mehr als 500 km lange Grenzbefestigung mit Palisadenzäunen, steinernen Mauern und Wachtürmen. Mehrere Legionen wurden an der Grenze stationiert um das Eindringen der fremden Völker zu verhindern. Im 3. Jahrhundert begann der Niedergang des Limes, weil der Migrationsdruck zu stark geworden war. Die Grenzbefestigungen wurden aufgegeben und die Grenze nach Süden verlegt. Die Reste des Limes, der im Südwesten Deutschlands etwa von Bonn nach Regensburg verlief, können heute noch bestaunt werden. Das Römische Reich konnte die Grenze im Norden auf Dauer nicht verteidigen und damit auch die Invasion der Barbaren nicht verhindern. Der heutige Zustrom von Einwanderern nach Europa erfolgt über das Mittelmeer, und diese Grenze lässt sich nur schwer verteidigen.

Wie viele andere Weltmächte, so ist auch das Römische Reich untergegangen. Im Jahr 375 drangen die Hunnen nach Europa ein und es begann die Völkerwanderungszeit. 376 überquerten die Goten die Donau, was den Beginn der germanischen Völkerwanderung markiert. 378 verloren die Römer die Schlacht gegen die Goten bei Adrianopel (heute Edirne). 382 wurde im Vertrag mit den Goten die Eingliederung der Zuwanderer ins römische Imperium geregelt, womit der Status einer Parallelgesellschaft gebilligt wurde, was ein erster Schritt zur Auflösung des Imperiums war. In den Grenzregionen gab es Widerstand der ansässigen Bevölkerung gegen die Eindringlinge. Im Jahr 395 kam es zur Teilung des römischen Reiches. 410 wurde die Stadt Rom durch die Goten verwüstet und 455 taten es die Vandalen wieder. Das Jahr 476 – mit der Absetzung des letzten weströmischen Kaisers – markiert den Untergang des weströmischen Reiches.

Die Historiker streiten über die Ursachen des Untergangs des Römischen Reiches. Eine der Theorien betrachtet den Wohlstand und die Dekadenz als wichtige Ursache für den

Niedergang. Heute schauen Millionen von Fernsehzuschauern zu, wie sich Prominente im Schlamm wälzen und Ungeziefer vertilgen – nach der Dekadenztheorie dürfte das Ende Europas nicht mehr weit sein.

Meiner Meinung nach ist die Völkerwanderung die wichtigste Komponente für den Untergang des Römischen Reiches. Viele Historiker reden nicht von einem Untergang Roms, sondern von einer Transformation. Diese Transformation kann man heute in Europa beobachten. Die einheimische Bevölkerung wird durch Asylsuchende ersetzt. Was die meisten Historiker bei Vergleichen zwischen dem Römischen Reich und dem heutigen Europa nicht erwähnen, ist die Bevölkerungszahl. Im Jahr 400 dürfte die gesamte Weltbevölkerung etwa 270 Millionen Menschen umfasst haben. Heute leben aber 7,3 Milliarden Menschen auf der Welt. In der bisherigen Geschichte der Menschheit hat es diese gewaltige Bevölkerungszahl noch nie gegeben.

Ideologien und Organisationen

Um die komplizierte Welt besser zu verstehen, klammern sich viele Menschen an Ideologien, deren simple Lehrsätze ihnen Halt geben. Die Ideologien sind wie Mauern im Kopf, die ein Labyrinth bilden, aus dem viele Menschen den Ausgang nicht finden. Eine Mauer macht zwar ein Haus stabil, aber sie versperrt den Blick nach außen. Ich möchte in diesem Artikel einige Ideologiemauern niederreißen, mit der Hoffnung, dass nicht neue aufgebaut werden.

Die Ideologien haben den großen Vorteil, dass sie einem das Denken ersparen. So wird von vielen Politikern und Wirtschaftsführern die Einwanderung als positiv dargestellt. Mit der Aussage „Die Zuwanderung nützt allen" beschwichtigt man die Wähler, dabei ist es in erster Linie die Wirtschaft, die von der Zuwanderung profitiert. Um Profit machen zu können, braucht sie Arbeitskräfte und muss darum besorgt sein, dass die Politik die Zuwanderung von Arbeitskräften unterstützt. Da die Wirtschaft die Politik mit Parteispenden unterstützt, schließt sich der Kreis. Wer die negativen Aspekte der Zuwanderung erwähnt, wird automatisch in die rechte Ecke geschoben.

Die Ideologie „Die Afrikaner sind Opfer" nützt vor allem der gesamten Hilfsindustrie, denn ohne die Afrikaner müssten die Entwicklungshilfe und das Asylbetreuungswesen ihren Betrieb einstellen. Wie man aus Tätern Opfer macht, zeigt das Beispiel Aids. Diese Krankheit haben wir den Afrikanern zu verdanken, da sie Schimpansen getötet, zerlegt und auf dem Markt verkauft haben und dabei das Virus auf den Menschen überspringen konnte. Bilder von Afrikanern, die Schimpansen abschlachten, machen sich schlecht in einer Werbebroschüre der Hilfswerke, darum hat man die Geschichte verdreht und aus Afrikanern Opfer gemacht.

Eine immer wieder gehörte Ideologie macht die Kolonialzeit der Europäer zum Sündenbock für alle Probleme Afrikas, dabei sind die meisten Länder Afrikas in den 1960er-Jahren befreit worden. Viele Länder Europas waren 1945 ruiniert, haben aber die afrikanischen Länder bezüglich Wirtschaftsleistung und Wohlstand überholt. Ein wichtiger Faktor unterscheidet Europa von Afrika, und das ist die Geburtenrate. Während in Europa die Bevölkerung seit dem Zweiten Weltkrieg nicht groß gewachsen ist und heute sogar schrumpft, vermehrt sich die Einwohnerzahl einiger afrikanischer Länder in einem Tempo, mit dem keine blühende Volkswirtschaft mithalten kann.

Nach der libertären Ideologie soll sich der Staat heraushalten und der Einzelne tun, was er will – dann wird alles gut. Dass es sich um eine Irrlehre handelt, zeigen etliche afrikanische Länder mit einer hohen Geburtenrate, wo Elend und Hunger herrschen, weil der Einzelne tut, was er will, viele Kinder in die Welt setzt und der Staat nicht eingreift. China ist erfolgreich, weil der Staat in die Bevölkerungsentwicklung eingegriffen hat. Hätte die chinesische Regierung nicht die Ein-Kind-Politik eingeführt, wäre das Land heute genauso verarmt wie ein afrikanisches Entwicklungsland.

Die Ideologie vom technologischen Fortschritt wird an der Exponentialfunktion scheitern. In einigen Staaten Afrikas haben die Frauen noch heute im Durchschnitt mehr als 6 Kinder, und wenn diese hohe Geburtenrate in den nächsten Jahrzehnten nicht drastisch sinkt, wird kein Technologieschub in der Lage sein, diese Menschenmassen zu ernähren oder mit Energie zu versorgen. Die Technikgläubigen wollen nicht einsehen, dass der technologische Fortschritt schon heute bei 7,3 Milliarden Erdenbürgern keine Lösungen der vielen globalen Probleme bietet, aber bei 15 Milliarden oder noch mehr Menschen soll alles reibungslos ablaufen.

Die Ökonomen haben einen Leitstern, und dieser heißt Wirtschaftswachstum. Mit diesem wollen sie alle Probleme dieser Welt lösen. Ein einfaches Gedankenexperiment zeigt, dass diese Ideologie eine reine Illusion ist. Stellen wir uns die Welt als eine einsame Insel im Ozean vor, deren Bevölkerung sich alle 70 Jahre verdoppelt. Die Ökonomen der Insel preisen das Wirtschaftswachstum als Problemlösung an und die Menschen bauen Fabriken, fällen die Palmen am Strand und noch mehr Menschen bringen noch mehr Wachstum und man rodet die Bergwälder und überbaut den letzten Acker mit einem Wolkenkratzer, und jetzt merken die Inselbewohner, dass man das Wirtschaftswachstum nicht essen kann, und verhungern.

Manche behaupten, dass die Marktwirtschaft die Zauberformel für alle Probleme ist. Die Marktwirtschaft ist nur ein schöneres Wort für Profitwirtschaft. Als die europäischen Wirtschaftsbosse die Politik weichgeklopft haben, damit diese die Grenzen für Arbeitskräfte öffnet, waren denen die sozialen Folgen egal. Der Profit zählt mehr als die einheimische Bevölkerung, und wenn diese nicht bereit ist, genügend Nachkommen (Arbeitskräfte) auf die Welt zu stellen, wird sie ganz einfach durch Einwanderer ausgetauscht.

Die Ideologie von der gerechten Verteilung der Nahrung und des Vermögens scheitert leider am Wesen des Menschen. Viele Verteilungsprobleme werden wegen mangelnder Physik- und Chemiekenntnisse falsch beurteilt. Am Äquator herrschen in den meisten Gebieten das ganze Jahr hohe Temperaturen. Warum heizen wir dann im Winter mit Erdöl und Erdgas? Es ist doch nur ein Verteilungsproblem. Auf dem antarktischen Hochplateau ist es das ganze Jahr sehr kalt. Warum brauche ich dann im Auto eine Klimaanlage? Es ist doch nur ein Verteilungsproblem. Lassen Sie sich vom Nur-ein-Verteilungsproblem-Märchen der Umweltschützer nicht blenden.

Die Demokratie wird als die beste Staatsform gerühmt, aber leider ist die Korruption ihr Fundament. Man kann nicht nur die Politiker, sondern auch die Wähler kaufen. So umschmeicheln die Politiker in Deutschland die Wählergruppe der Rentner und schanzen ihnen Privilegien zu, obwohl das ein finanzieller und demografischer Unsinn ist. In vielen Demokratien nimmt die einheimische Bevölkerung ab, weil die Politiker Rücksicht auf die Wähler nehmen müssen, statt mit kostspieligen Maßnahmen den Bevölkerungsniedergang zu vermeiden. Obwohl die größte Wählergruppe über keine höhere Bildung verfügt, darf sie über das Schicksal eines Landes entscheiden. Mit Bratwurst, Bier und einigen lockeren Parolen gewinnt man die Gunst der Massen, die ahnungslos in den Abgrund schreiten. Ein straff regierter Staat wie China hat in der Zukunft bessere Überlebenschancen als die meisten Demokratien.

Ich erkläre die Welt gerne mit der Drei-M-Theorie: Macht, Manipulation, Moneten. Das beste Beispiel für diese Theorie bietet die katholische Kirche. Mit Manipulation (Weihrauch, Kirchengeläut, schöne Geschichten) der Gläubigen ist sie an deren Geld gekommen, hat damit Kathedralen gebaut und Kriege geführt. Jeder Finanzbetrüger fliegt spätestens dann auf, wenn die Kunden das Geld wiederhaben wollen. Die katholische Kirche hat einen genialen Finanztrick entwickelt:

Die Zinsen gibt es im Jenseits. Da sich dort noch niemand beschwert hat, funktioniert dieses Modell weiter bis in alle Ewigkeit. Um an der Macht zu bleiben, braucht die katholische Kirche viele Mitglieder, bei denen sie die Kirchensteuern eintreiben kann, und bekämpft darum die Familienplanung. Diese Ideologie ist in Millionen von Köpfen fest verankert und darum wird die Geburtenkontrolle verdammt, obwohl sie die einzige Lösung der globalen Probleme ist.

Das Geld (die Moneten der Drei-M-Theorie) regiert die Welt, weil es physikalisch gesehen eine geniale Energieform ist, die sich in vieles andere umwandeln lässt. Der Mensch braucht Nahrung, um zu überleben, und Geld lässt sich in Kalorien umwandeln. Mit Geld kann man Energie kaufen, mit der man fahren, fliegen und heizen kann. Das Geld lässt sich auch sehr einfach in Wohnraum und damit Lebensraum umwandeln. Da es bessere und schlechtere Lebensräume gibt, werden sich die Reichen die besseren Wohnlagen sichern und diejenigen mit wenig Geld landen in Mietskasernen und Gettos. Mit Geld kann man nicht nur Nahrung und Wohnraum, sondern auch Politiker und damit Macht kaufen. Ein schönes Beispiel liefert momentan Mexiko, wo Drogenkartelle Politiker und Polizisten gleich im Dutzend einkaufen.

Die Umweltschutzorganisationen sind in letzten Jahrzehnten ein wichtiger Machtfaktor geworden. Sie haben von der katholischen Kirche gelernt, wie man mit Drohungen (steigender Meeresspiegel ersäuft den Planeten) und Heilsversprechungen (wer Solarzellen auf dem Dach installiert hat, kommt in den grünen Himmel, wo 55 Bio-Äpfel auf ihn warten) die Massen manipulieren kann. Heute ist der Klimawandel eines der Hauptthemen der Umweltschützer. Da die Klimaerwärmung durch den CO_2-Ausstoß verursacht wird, bekämpfen diese Organisationen die Industrie, die Kohlekraftwerke und die Autofahrer. Dieses Beispiel zeigt, wie man mit Verschweigen von Tatsachen die Menschen manipulieren kann. Die Menschheit produziert mit ihrer Atemluft pro Jahr mehr als 2 Milliarden Tonnen Kohlendioxid, und an dieser Zahl sind auch die armen afrikanischen und asiatischen Länder beteiligt. Im schlimmsten Fall wird die Bevölkerung der Länder Afrikas südlich der Sahara bis zum Jahr 2100 auf 16 Milliarden Menschen anwachsen. Mit ihrer Atemluft würden sie dann 4,7 Milliarden Tonnen Kohlendioxid pro Jahr produzieren, was etwa dem CO_2-Ausstoß von 2 Milliarden Autos entspricht. Die Umweltschutzorganisationen verschweigen diese Tatsachen und sind auch gegen die Geburtenkontrolle, was andererseits nicht verwunderlich ist, da sie von religiösen Fundamentalisten unterwandert sind.

In den letzten Jahren sind immer mehr Menschen Vegetarier geworden. So fanatisch wie die chinesischen Roten Garden wollen sie allen anderen Menschen diese Ideologie aufzwingen. Mit dem Verzicht auf Fleisch wollen die Vegetarier die Welt retten, da die Produktion von Fleisch einen hohen CO_2-Ausstoß verursacht. Der zweite Teil der Vegetarier-Ideologie besteht darin, dass man viel mehr Menschen ernähren könnte, wenn man auf Fleisch verzichtet. Hier sieht man den religiösen Unterbau dieser Ideologie: Vermehrung über alles. Wenn die Vegetarier die Exponentialfunktion verstehen würden, kämen sie nicht auf die Idee, mit Fleischverzicht die Welt retten zu wollen. Momentan (2015) leben auf der Welt 7,3 Milliarden Menschen und nach der nächsten Verdoppelung werden es 14,6 Milliarden Menschen sein. Bis hierher würde die vegetarische Ideologie wahrscheinlich funktionieren und man könnte alle Menschen ernähren. Nach der nächsten Verdoppelung werden aber 29,2 Milliarden Menschen auf der Welt leben – auf was verzichten die Vegetarier jetzt, damit alle genug zu essen haben? Nach fünf weiteren Verdoppelungen würden 934 Milliarden Menschen die Welt bevölkern. Da bekommt jeder eine Schale Reis als Monatsration.

In ihrer Ideologie: „Wir können locker 14 Milliarden Menschen ernähren, wenn alle auf Fleisch verzichten", vergessen die Vegetarier die Migration. Eigentlich lautet das Lebensmotto eines Vegetariers: „Ich verzichte auf Fleisch, damit sich die Menschen in einigen afrikanischen Ländern ungehindert vermehren können und mich dann eines Tages aus dem Lebensraum verdrängen." Der Verzicht auf Fleisch ist eine dieser Scheinlösungen, die von den Umweltschutzorganisationen in die Welt gesetzt wurde. Da die meisten Menschen lieber glauben als denken, durchschauen sie die wahren Zusammenhänge nicht. Schon heute verhungern jedes Jahr Millionen von Menschen und die meisten Konsumenten in den wohlhabenden Ländern sind nicht bereit, auf Fleisch zu verzichten, aber wenn dann 14 Milliarden Menschen auf der Welt leben, dann werden alle freiwillig zu Vegetariern.

Die Ideologie der Weltoffenheit lobt die unkontrollierte Einwanderung, verspricht das bunte Vielvölkerparadies und kümmert sich dabei nicht um Geschichte. Dass sich in den vergangenen Jahrhunderten und Jahrtausenden die Völker diverser Staaten bekämpft haben, blendet man aus und träumt von der kulturellen Bereicherung. Für die Bürgerkriege in Jugoslawien und Sri Lanka sucht man nach anderen politisch korrekten Ursachen und will nicht wahr haben, dass verschiedene Völker, Religionen und Sprachen ein Land ins Verderben stürzen können. Es ist interessant, wie schnell diese Ideologie wie ein Kartenhaus zusammenstürzen kann. Ein einziger Fußtritt eines Asylanten in die Magengrube eines Einheimischen macht aus diesem einen Rassisten, dabei hat er noch gestern von den Vorteilen der bunten Völkerzusammensetzung und der kulturellen Bereicherung gesprochen.

Ich habe schon unzählige Male gehört, dass das Erlernen der Sprache die Integration der Einwanderer zur Folge hat. Das Leben eines Menschen wird leider nicht nur von der Sprache bestimmt und der kulturelle Hintergrund verschwindet mit den Sprachkenntnissen nicht. Bringt man einem ausländischen Fanatiker die Sprache bei, so ist er nicht integriert, sondern immer noch ein Fanatiker, aber jetzt beherrscht er die Sprache der Einheimischen und kann seine bösen Absichten noch leichter durchführen. Die Ideologie von den Sprachkenntnissen nützt in erster Linie der Integrationsindustrie, die mit Steuergeldern Sprachkurse veranstaltet.

Heute ist es nicht politisch korrekt, die genetischen Programme eines Menschen zu erwähnen. Angeblich kommt der Mensch wie ein weißes, unbeschriebenes Blatt auf die Welt und nur die Erziehung macht ihn zu dem, was er ist. Leider taugt auch diese Ideologie nicht viel, da die Realität eine andere ist. Hebt man einen großen Stein auf, rennt das Ungeziefer davon, weil es Angst vor dem Tod hat. Beginnt ein Amokläufer in einem Supermarkt zu schießen, fliehen die Menschen, weil sie Angst vor dem Tod haben. Wir Menschen sind mit allen Lebewesen verwandt und die primitiven genetischen Programme lassen sich nicht mit schönen Kleidern und Schminke verbergen. Wie unbedeutend die Einflüsse der Erziehung sind, sieht man bei Schildkröten.

Eine Schildkröte gräbt eine Grube in den Sand, legt darin die Eier ab, schüttet Sand darüber und macht sich davon. Die kleinen Schildkröten wissen nach dem Schlüpfen, was zu tun ist, obwohl sie keine einzige Sekunde die Erziehung von erwachsenen Schildkröten genossen haben.

Wenn sich ein Fremder einem Bauernhof nähert, wird er vom Hund angebellt. Nach der linken Ideologie ist der Hund ein Rechtspopulist – man sollte ihm die Willkommenskultur beibringen. Was den Menschen vom Tier unterscheidet, ist die Verlogenheit. Viele Weltoffene tragen bei Demonstrationen ein Plakat mit der Aufschrift „Niemand ist illegal". Wenn ihnen aber ein Illegaler zu nahe kommt, indem er in ihre Wohnung eindringt und sich in ihrem Schlafzimmer breitmacht, reagieren sie wie der Hofhund. Wie beim Hund steht auch beim Menschen in den Genen geschrieben: „Vorsicht, da kommt ein Fremder, verteidige deinen Lebensraum." Ein Menschenkind beginnt zwischen dem vierten und achten Lebensmonat zu fremdeln, weil dies ein genetisches Programm ist, und nicht, weil es dazu erzogen wurde. Die Gene bestimmen einen großen Teil unseres Lebens und die Neigung des Menschen, sich in eine Ideologie zu verbohren, ist auch nur ein genetisches Programm.

Nehmen wir eine fiktive Situation an, um die nächste Ideologie zu zerpflücken. Ein Wanderer verirrt sich, gerät in einen Schneesturm und sucht Schutz in einem Erdloch. Da darin schon ein Bär in seinem Winterschlaf schlummert, schubst er diesen und sagt: „He, Dicker, rutsch etwas zur Seite, damit ich auch Platz habe." Millionenfrage: Was glauben Sie, wie wird der Bär auf das Wecken reagieren? Kramt er ein Plakat mit der Aufschrift „Bleiberecht für alle" hervor oder zerfleischt den Touristen? Die Anhänger der Bunte-

Gesellschaft-Ideologie würden den Bären als einen frem-
denfeindlichen Rechtspopulisten bezeichnen. Viele Tiere
markieren und verteidigen ihr Territorium und so auch
der Mensch. In der Schweiz gibt es mehr Privat-Schilder als
Einwohner und in den USA ist es nicht ratsam, auf einem
fremden Grundstück herumzuspazieren, da man sonst mit
einer schnell fliegenden Gewehrkugel Bekanntschaft macht.
Indien und Pakistan streiten noch heute um den genauen
Grenzverlauf im Kaschmirgebiet und Japan und China liegen
sich wegen einiger kleiner Inseln in den Haaren. Das sind
alles Beispiele, die das Wesen des Säugetiers Mensch zeigen.
Die Ideologie von der Weltoffenheit ist nur ein schönes
Luftschloss.

Die UNO (U steht für Utopie, N für Naivität und O für
Optimismus) ist eine große Organisation der vielen Worte,
die uns seit Jahrzehnten eine bessere Welt verspricht. Bis
zu einem festgelegten Jahr wollte sie alle Krankheiten be-
siegen, die Armut halbieren und den Hunger beseitigen.
Die einen haben Recht auf Nahrung, die anderen Recht
auf Wasser, aber wie sehr man sich auf die UNO verlassen
kann, fragen Sie am besten die Bosnier, die vor den Serben
nach Srebrenica geflohen sind. Dort hatte die UNO eine
Schutzzone eingerichtet, aber als die serbischen Truppen
eintrafen, haben die UN-Soldaten tatenlos zugeschaut, wie
die männlichen Bosnier abtransportiert und später erschossen wurden. Als Europäer sollte man nicht daran glauben,
dass die UNO uns helfen wird, wenn sich eines Tages Milliarden von Afrikanern auf den Weg nach Europa machen.

Die Europäische Union (EU) ist ein unstabiles Vielvölker-
gebilde, das nur dank der Zahlungen der reichen Länder
noch existiert. Ein einzelnes Land mit 11 Millionen Einwoh-

nern (Griechenland) hat dieses Länder-Kartenhaus fast zum Einsturz gebracht. Die EU-Bürokraten erlassen jedes Jahr unzählige Vorschriften, kümmern sich aber nicht um den demografischen Niedergang des Kontinents. Den Volksvertretern in Brüssel ist die einheimische Bevölkerung egal. Anstatt Maßnahmen zu ergreifen, damit die Geburtenrate in den europäischen Ländern steigt und in den afrikanischen sinkt, verhandelt man über Strom sparende Staubsauger.

Titanic

Ich möchte in diesem Kapitel einen Vergleich zwischen der Titanic und Europa ziehen. Über kaum ein anderes Schiff sind so viele Bücher geschrieben und Filme gedreht worden. Die Titanic war 269 m lang und für maximal 2603 Passagiere und 944 Besatzungsmitglieder ausgelegt, aber auf ihrer Jungfernfahrt von Europa nach New York war sie nicht ausgebucht.

Am 10. April 1912 begann die Jungfernfahrt in Southampton, England. Über Cherbourg in Frankreich und Queenstown in Irland ging die Fahrt weiter über den Atlantik nach New York, wo das Schiff aber nie ankam, weil es einen Eisberg gestreift hatte und sank. Während der Fahrt nach Amerika berichteten andere Schiffe von Eisbergen und der Funker auf der Titanic übergab mehrere Eiswarnungen an die Brücke. Die Offiziere und der Kapitän Edward John Smith wussten also von der Gefahr, ließen aber die Titanic auch in der Nacht mit normalem Tempo weiterfahren. Damals gab es noch keinen Radar, und so mussten Matrosen den Horizont beobachten und vor den Eisbergen warnen. Als ein Eisberg direkt voraus gesichtet wurde, konnte die Titanic nicht ganz ausweichen und der Rumpf wurde auf einer Länge von 90 m eingedrückt. Durch die Spalten und Risse konnte Meerwasser ins Schiff eindringen.

Die Titanic war durch Querschotten in 15 einzelne Abschnitte unterteilt und galt deshalb bei vielen Zeitgenossen als unsinkbar. Durch die seitliche Kollision mit dem Eisberg wurden 5 Abteile geflutet, und das haben die Ingenieure nicht bedacht, denn in ihrem technischen Märchenland sollte nur ein Abteil beschädigt werden. Die Querschotten waren zwar ziemlich wasserdichte Eisenwände, aber sie konnten nicht verhindern, dass das Wasser in angrenzende Abteile eindringen konnte und so das Schiff zum Sinken brachte.

Der Eisberg wurde am 14. April kurz vor Mitternacht gestreift. Nach der Schadensbesichtigung durch den Kapitän und den Schiffsarchitekten wurde beschlossen, Notrufe zu senden und das Schiff zu evakuieren. Da der Profit wichtiger war als die Sicherheit, war die Zahl der mitgeführten Rettungsboote zu klein, und so betrug deren Kapazität nur 1178 Plätze. Nachdem immer mehr Abteile mit Wasser geflutet waren, versank der Bug unter Wasser, das Schiff ragte steil in die Luft und um 2.20 Uhr in der Nacht ist es gesunken. Man schätzt, dass etwa 500 Menschen mit der Titanic untergegangen sind und etwa 1000 im Meer schwammen. Um 4.10 Uhr erreichte das Schiff Carpathia die Unglücksstelle und nahm die Überlebenden auf. Nur 711 Menschen haben das Schiffsunglück überlebt und es waren 1500 Tote zu beklagen. Am 18. April lief die Carpathia mit den Geretteten in New York ein.

Gehen wir zurück zum Ausgangshafen in Europa und betrachten die Ereignisse auf der Titanic etwas genauer. Das Schiff war für die damalige Zeit sehr modern und luxuriös ausgestattet. Die Passagiere haben die Restaurants, die Empfangssalons, den Gymnastikraum und das Promenadendeck bestaunt, aber ich glaube, dass keiner die Rettungsboote gezählt hat. Von denen hatte es zu wenige, aber der Mensch lässt sich vom Luxus blenden und verdrängt die möglichen Gefahren, die auf dem Ozean drohen. Und wie steht es mit Ihnen? Wissen Sie, wo sich der nächste Feuerlöscher befindet? Könnten Sie einen Feuerlöscher bedienen, ohne vorher die Gebrauchsanweisung zu lesen? Ist doch alles kein

Problem; wenn es dann brennt, dann schauen wir mal. Dieselbe Situation haben wir heute in Europa. Wir bestaunen die europäischen Städte, die edlen Autos und die modernen Flugzeuge, die auf diesem Kontinent gebaut werden, aber vom drohenden Untergang will niemand etwas wissen.

Stellen wir uns vor, dass sich an Bord der Titanic ein pessimistischer Passagier befand. Nach dem Auslaufen in Irland hat er den anderen Passagieren von Eisbergen berichtet und wie gefährlich diese für die Schifffahrt seien. Beim Mittagessen hat er seinen Tischnachbarn ein Bild vom Schiff Arizona gezeigt, das 1897 einen Eisberg frontal getroffen hatte, aber nicht untergegangen war. Beim Abendessen hat er berichtet, dass er die Rettungsboote gezählt hat und dass es darin nur für die Hälfte aller Schiffspassagiere Platz hätte. Am nächsten Tag saß er allein am Tisch, da die anderen Reisenden alle Optimisten waren und nichts von solchen Untergangsszenarien hören wollten, und die Titanic war sowieso unsinkbar. Etwa so geht es mir auch, wenn ich vom Niedergang Europas berichte. Die Optimisten auf der Titanic schwammen aber einige Tage später im eiskalten Ozean und schrien um Hilfe, und das Licht, das sie sahen, war nicht das Licht am Ende des Tunnels, sondern das Licht der Laterne, die der Tod in der Hand hielt, um die Opfer besser zu finden.

Nach dem Motto „Lieber tot als langsam" ließ der Kapitän der Titanic trotz Eiswarnungen das Schiff auch in der Nacht mit normaler Reisegeschwindigkeit weiterfahren. Es gab Schiffe, die sich in derselben Region aufhielten wie die Titanic, die wegen der Eisgefahr aber langsamer fuhren oder sogar die Maschinen während der Nacht stoppten. Viele Politiker sind ähnlich gestrickte Optimisten wie der Kapitän der Titanic. Von umsichtigen Kapitänen spricht heute niemand, während Kapitän Smith in die Geschichtsbücher eingegangen ist. Immerhin hat er den ehrenvollen Seemannstod gewählt, während die Kapitäne der „Costa Concordia" bei Giglio und der „Sewol" vor Korea als Erste von Bord gingen und die Passagiere ihrem Schicksal überließen. Wahrscheinlich werden die Politiker und die Wohlhabenden eines Tages Europa in Richtung Neuseeland verlassen, während das gemeine europäische Volk die afrikanische Überbevölkerungssuppe auslöffeln kann.

Nachdem die Titanic nach einem missglückten Ausweichmanöver den Eisberg gestreift hatte und die Schiffshülle beschädigt wurde, begann Wasser einzudringen. Viele Passagiere haben von der Streifkollision gar nichts mitbekommen, und da das Schiff mit gestoppten Maschinen ruhig im Wasser lag, haben sie die Gefahr unterschätzt. Um die Menschen zu beruhigen, spielte sogar das Schiffsorchester, und so dachten viele Passagiere, dass alles halb so schlimm sei. Darum hatte die Besatzung Mühe, die Leute in die Rettungsboote zu bekommen, und viele Rettungsboote waren nur zur Hälfte besetzt, als sie ins Wasser gelassen wurden. So wie das eindringende Meerwasser den Untergang der Titanic besiegelte, so werden die Menschenmassen, die nach Europa drängen, den Niedergang dieses Kontinents verursachen. So ahnungslos wie die Passagiere auf der Titanic waren, so ahnungslos sind die meisten Europäer heute, denn im Radio singen alle vom Glück und der Liebe. Die Realität sieht dann leider etwas anders aus: Keiner der Titanic-Musiker hat das Schiffsunglück überlebt.

Als sich die Titanic nach vorne zu neigen begann, sind viele Passagiere ins Wasser gefallen und haben dabei gemerkt, wie kalt der Ozean war, und so schrien sie um Hilfe. Nur ein einziges Rettungsboot hat einige im Meer schwimmende Passagiere aufgenommen, die meisten ruderten davon oder unternahmen einfach nichts, da ihre Besatzung Angst hatte zu kentern, wenn sich Hunderte Sterbende ans Boot klammern. Da der Mensch, um zu überleben, eine Körpertemperatur von 37 °C braucht und das Meerwasser eine Temperatur um den Gefrierpunkt aufwies, sind die meisten der im Meer treibenden Menschen zwar nicht ertrunken, aber nach kurzer Zeit an Unterkühlung gestorben.

Man muss sich die Situation der Menschen in den Rettungsbooten vorstellen: Es war dunkel, sehr kalt, die Titanic war gesunken, man saß in einem kleinen Boot im weiten Ozean und im Nacken spürte man den Tod. In so einer Situation zeigt der Mensch ein anderes Verhalten als an einer Wohltätigkeitsveranstaltung, wo man Champagner und Austern schlürft und vor Hilfsbereitschaft sprüht. Was wäre geschehen, wenn ein Rettungsboot dorthin gerudert wäre, wo Hunderte Erfrierende um Hilfe schrien, und man ihnen zugerufen hätte: „Wir haben noch Platz für 20 Passagiere"? Hätten die Menschen im Wasser „Bitte nach Ihnen" gesagt, oder hätten sich Hunderte Verzweifelte an das Rettungsboot geklammert und dieses unter Wasser gedrückt? Die Überlebenden in den Rettungsbooten ahnten, wie sich ein Mensch in Todesangst verhält, und haben deshalb nicht geholfen. Im Zweiten Weltkrieg hat die Schweiz die Aufnahme von Flüchtlingen stark eingeschränkt und damals wurde der Begriff „Das Boot ist voll" geprägt. Die Rettungsboote der Titanic waren nicht voll und trotzdem hat man den Sterbenden nicht geholfen.

Nach so einer Schiffskatastrophe kam es natürlich zu Untersuchungen, wie so etwas geschehen konnte. Nach

Abschluss der Zeugen- und Sachverständigenbefragungen wurden diverse Vorschriften geändert. Für jede Person auf einem Schiff musste auch ein Platz in einem Rettungsboot vorhanden sein. Der „International Ice Patrol Service" wurde ins Leben gerufen, dessen Aufgabe die Überwachung der Eisberge war. Auch nach dem Niedergang Europas werden diverse Kommissionen nach den Gründen forschen, warum dies geschehen konnte. Den Hauptgrund kann ich schon heute nennen: Die Ideologien der linken und religiösen Fundamentalisten sehen die Familienplanung als Neokolonialismus und menschenverachtende Eugenik, aber wenn eines Tages Milliarden von Hungertoten in Afrika herumliegen und weitere Milliarden Afrikaner Europa überfluten, werden auch sie erkennen, dass eine unkontrollierte Vermehrung der Menschen ins Verderben führt.

Das Wrack der Titanic wurde 1985 gefunden. Man hat zwar diverse Gegenstände gefunden, aber von den Toten fehlte jede Spur, denn die Menschen, die mit der Titanic in die Tiefe gerissen wurden, waren für die Meereslebewesen nichts anderes als Nahrung. Genauso werden die Europäer eines Tages verschwunden sein und man wird nur die Gebäude bewundern, die sie errichtet haben. Die Titanic ist ein Symbol für Europa: Ein unfähiger Kapitän führt ahnungslose Passagiere ins Verderben.

Schlussbetrachtung

Das stärkste Bevölkerungswachstum findet momentan in den Ländern südlich der Sahara statt. In einigen Staaten hat eine Frau im Durchschnitt 6 bis 7 Kinder und die jährliche Bevölkerungszunahme beträgt mehr als 3 Prozent. Falls sich daran nichts ändert, werden in diesen Ländern im Jahr 2100 mehr als 16 Milliarden Menschen leben. Die UNO veröffentlicht mehrere Varianten, und in der mittleren sagt sie für das Jahr 2100 für diese Region eine Bevölkerungszahl von 3,8 Milliarden Menschen voraus. Dieser große Unterschied lässt sich einfach erklären. Da niemand weiß, mit welcher Geburtenrate man im Jahr 2070 rechnen kann, muss man irgendwelche Annahmen treffen. Wenn Sie in einer Datenbank für das Jahr 2070 eine Geburtenrate von 2,6 eingeben, werden Sie ein ganz anderes Resultat bekommen, als wenn Sie eine Geburtenrate von 4,7 eintragen. Leider grenzen viele Bevölkerungs-Voraussagen an Wahrsagerei und jeder pickt sich die Zahlen heraus, die ihm passen.

Interessant ist, welche Bevölkerungszahlen für die Länder südlich der Sahara herauskommen, wenn man annimmt, dass die momentane Geburtenrate konstant bleibt. Für das Jahr 2139 muss man mit 60 Milliarden Menschen rechnen, im Jahr 2166 werden es 149 Milliarden sein und im Jahr 2200 muss man mit 465 Milliarden Menschen rechnen. Viele Europäer meinen, dass wir nicht das Recht haben, den Afrikanern vorzuschreiben, wie viele Kinder sie haben sollen, aber wenn diese Kinder eines Tages Hunger haben, so ist es unsere Pflicht, diese zu ernähren, und wenn diese Menschen in Europa auftauchen, so ist es die Pflicht der Europäer, ihnen Unterkunft und Nahrung zu besorgen. Ich würde gerne die Welt im nächsten Jahrhundert sehen, wenn sich Milliarden von Afrikanern auf den Weg nach Europa machen, wo die Bevölkerung weiter schrumpft und kaum die eigenen Rentner durchbringt. Diese Zahlen sind keine Verschwörungstheorie, sondern das Resultat des exponentiellen Wachstums. Wenn man dieses nicht mit Familienplanung in den Griff bekommt, wird die Natur für die Grenzen des Wachstums sorgen und Milliarden von Hungertoten werden die Landschaft zieren.

Die Optimisten nehmen an, dass die Geburtenrate in Afrika sinken wird, weil sie auch in Thailand und Mexiko gesunken ist. In diesen beiden Staaten wurde aber die Familienplanung gefördert, während sie in Afrika behindert wird. Die Frauen in Europa haben wenige Kinder, weil sich dies finanziell und beruflich nicht lohnt. In Afrika haben die Frauen viele Kinder, weil es für die Eltern die beste Altersvorsorge ist, und kommt es zu einer Hungersnot, sind die Europäer mit ihren Nahrungsmittelhilfen zur Stelle. Gelingt es einer afrikanischen Familie, ein Kind nach Europa zu bringen, wird der Aufwand, viele Kinder auf die Welt zu stellen, belohnt, denn jetzt fließt Geld von Europa ins Heimatdorf. Dieses Geschäftsmodell (man kann nicht nur mit Rohstoffen, sondern auch mit Kindern spekulieren) könnte dazu führen, dass die Geburtenrate in Afrika nicht so schnell sinkt wie erhofft.

In ganz Europa, zwischen Gibraltar, Nordkap, Ural und Bosporus, leben gegenwärtig 730 Millionen Menschen. Ich möchte hier ein theoretisches Rechenbeispiel machen, wie die Bevölkerungsentwicklung Europas ohne Einwanderung von anderen Kontinenten in ferner Zukunft aussehen würde. Da die Geburtenrate niedrig ist, hat die folgende Generation nur 70 Prozent der Einwohner – das wären in der ersten Nachfolgegeneration 511 Millionen Menschen. Wenn wir von dieser Zahl wiederum 70 Prozent nehmen, wären wir bei einer Bevölkerung von 357 Millionen Menschen. In der 7. Generation hätte Europa 86 Millionen Einwohner und in der 12. Folgegeneration würden 14 Millionen Menschen in Europa leben. In der 33. Generation könnte die Bevölkerung Europas in einer Kleinstadt Platz finden, denn da sind nur noch 8000 Europäer am Leben.

Das obige Zahlenbeispiel ist natürlich nicht realistisch, da ja ständig Einwanderung nach Europa stattfindet. Kein Land in Europa hat ein so hohes Bevölkerungswachstum, dass es die anderen europäischen Länder mit Menschen beliefern könnte – Europäer können nicht durch Europäer ersetzt werden, da zu wenige auf die Welt kommen. Wenn die Länder Europas ihre Einwohnerzahl stabil halten wollen, müssen sie Menschen von anderen Kontinenten importieren. In Haiti ist die einheimische Bevölkerung durch eingeschleppte Krankheiten und Zwangsarbeit dezimiert und durch afrikanische Sklaven ersetzt worden. Die Europäer dezimieren sich mit ihrer niedrigen Geburtenrate selber und wegen der offenen Grenzen wird die einheimische Bevölkerung zunehmend durch Afrikaner ersetzt.

Eines Tages wird Europa eine Kolonie Afrikas sein, falls sich die gegenwärtige Bevölkerungsentwicklung fortsetzt und die Migrationsströme nicht aufhören. In den meisten Ländern Europas nimmt die Bevölkerung ab und in etlichen Ländern Afrikas und Asiens nimmt sie zu, und da meint man gerne, dass sich das ausgleicht. Da hat man aber die Exponentialfunktion unterschätzt. Ein Land in Afrika mit 20 Millionen Einwohnern hat nach 10 Verdoppelungen 20 Milliarden Einwohner. Auch wenn alle Europäer verschwinden, gleicht dies das immense Bevölkerungswachtum nicht aus. Der Anteil der europäischen Bevölkerung an der Weltbevölkerung betrug 1950 21,7 Prozent und 2005 waren es 11,3 Prozent. Falls es den europäischen Regierungen nicht gelingt, die Geburtenrate in ihren Ländern zu erhöhen, werden die Europäer still und leise von diesem Planeten verschwinden.

Viele Optimisten glauben, dass sich die Bevölkerungsentwicklung „einpendeln" wird. Leider haben ein Pendel und eine Exponentialfunktion nicht viel gemeinsam. Wenn Sie einen Gegenstand an einer Schnur aufhängen und ihn in Bewegung versetzen, wird er hin und her pendeln und kommt irgendwann zur Ruhe. Die Geburtenrate in vielen europäischen Ländern pendelt aber nicht hin und her, sondern ist seit Jahrzehnten zu niedrig, was zu einem Verschwinden der europäischen Bevölkerung führen wird. Die Geburtenrate in vielen Ländern Afrikas pendelt auch nicht hin und her, sondern ist heute immer noch zu hoch.

Man unterschätzt oft das Verschwinden der Europäer, da die geburtenstarken Jahrgänge noch am Leben sind. Zudem ist der Mensch nicht in der Lage, langsame Vorgänge zu erfassen. Wenn Sie ein Glas mit Wasser füllen und es in die Vitrine stellen und einige Minuten zuschauen, wie das Wasser verdunstet, werden Sie wahrscheinlich sagen, dass sich der Wasserstand nicht ändert. Nach einigen Wochen werden Sie aber feststellen, dass das Glas leer ist. So wie das Wasser im Glas, so werden eines Tages die Europäer verschwunden sein, auch wenn dies etliche Jahrhunderte dauern wird.

Menschen, die sich nicht mit Demografie befassen, glauben, dass in Afrika die Bevölkerungszahl wegen Ebola und

Aids abnimmt. Die Hilfswerke reden nur von Einzelschicksalen der Aids-Waisen, verschweigen aber wohlweislich die hohe Geburtenrate – sonst würden die Spendengelder nicht fließen – und der Durchschnittseuropäer glaubt, dass die Afrikaner kurz vor dem Aussterben stehen. Heute sterben weltweit jährlich 1,5 Millionen Menschen an Aids, aber allein die Bevölkerung Nigerias nimmt jedes Jahr um 5 Millionen Menschen zu. Die Weltbevölkerung nimmt täglich um 220 000 Menschen zu, da fallen einige Tausend Ebola-Todesfälle in der Statistik gar nicht auf. Man lässt sich gerne von Einzelschicksalen blenden und übersieht dabei das ganze Bevölkerungsbild.

1848 wurde in Kalifornien Gold entdeckt und Tausende Goldgräber machten sich auf den Weg, um ihr Glück zu versuchen. Der Goldrausch von damals ist der Asylrausch von heute. So wie damals die Goldfunde, so lockt heute das in Europa in den Sozialwerken frei herumliegende Geld viele Menschen aus den armen Ländern an. Diverse Ideologien hindern die Menschen daran, die Wahrheit zu sehen. Wie damals die Goldgräber sind heute die meisten Flüchtenden darauf aus, Beute zu machen. Die Armut in ihrem Land gibt ihnen das Recht, auf Kosten der Europäer zu leben und diese aus dem Lebensraum zu verdrängen. Ein Kontinent, der Geld in Asylheime statt in Kindergärten für die einheimische Bevölkerung investiert, ist zum Niedergang verurteilt.

Das größte Problem, das uns daran hindert, die Dinge beim Namen zu nennen, ist der Vorwurf des Rassismus. So wie ein Taucheranzug vor Kälte schützt, so schützt die schwarze Hautfarbe vor Kritik. Es ist leider so, dass die höchsten Geburtenraten in Ländern zu finden sind, wo die Bevölkerung eine schwarze Hautfarbe hat. Nicht die Hautfarbe ist das Problem, sondern die Einwohnerzahl, die sich von 1950 bis 2100 in einigen Ländern Afrikas um den Faktor 30 oder noch mehr erhöhen wird. Wenn sich die Bevölkerung Italiens mit diesem Tempo vermehren würde, dann hätte das Land im Jahr 2100 etwa 1,3 Milliarden Einwohner, und ich würde diese Bevölkerungszahl kritisieren und nicht die Italiener als Menschen.

Es ist nicht nur der Konsum allein, der zu einem ökologischen Desaster führt. Die Menschen atmen Kohlendioxid und Wasserdampf aus – beides Klimagase – und mit ihrer Körpertemperatur heizen sie den Planeten weiter auf. Sie brauchen Nahrung und Energie, um zu überleben, und produzieren Unmengen von Müll. Das exponentielle Bevölkerungswachstum wird der Menschheit eines Tages um die Ohren fliegen, wenn es nicht gelingt, die Geburtenrate in den Ländern Asiens und vor allem Afrikas zu senken.

Wenn ich mit Leuten über die Bevölkerungsprobleme diskutiere, höre ich oft die Aussage: „Was kümmert mich das alles, im Jahr 2100 bin ich tot." Sie selber werden tot sein, aber Ihre Enkel vielleicht noch nicht. Eine andere Behauptung höre ich auch oft: „Als Einzelner kann ich sowieso nichts machen." Sie irren sich da, denn das Buch „The Population Bomb" von Paul Ehrlich war ein Bestseller und einer der Gründe, dass die chinesische Regierung die Ein-Kind-Politik eingeführt hat. Wenn Sie mein Buch fünf Bekannten empfehlen und jeder von ihnen empfiehlt es ebenfalls fünf Bekannten, dann haben wir eine exponentielle Vermehrung des Bekanntheitsgrades und nach 14 Vermehrungsschritten wissen schon 6 Milliarden Menschen von diesem Buch. Wenn Sie etwas gegen den Niedergang Europas tun wollen, bleibt Ihnen wahrscheinlich auch nichts anderes übrig, als mit diesem ersten Schritt zu beginnen.

Die politisch korrekten Khmer wachen darüber, dass es niemand wagt, die Afrikaner zu kritisieren, und falls es einer doch tut, hat man in der rechten Ecke einen Platz für ihn. Wer den afrikanischen Invasoren nicht Platz macht, wird als Nazi abgestempelt. Wenn es um afrikanische Asylanten geht, hört man oft: „Aber es geht doch um Menschen." Sind Europäer keine Menschen? Haben die Europäer kein Recht auf Lebensraum? Da die politisch Korrekten nur ihre Ideologie haben, aber von Demografie nichts verstehen, schaufeln sie sich mit ihrem Verhalten das eigene Grab.

Ich bin kein Prophet und weiß nicht, wie sich die Bevölkerungszahlen in Zukunft entwickeln werden. Vielleicht führt Nigeria schon morgen die Ein-Kind-Politik ein und in Europa bekommen die Frauen aus unerfindlichen Gründen mehr Kinder. Da ich dieses Szenario für ziemlich unwahrscheinlich halte, wird der Niedergang Europas nicht aufzuhalten sein (außer dieses Buch wird ein Bestseller!). Ich schätze, dass 98 Prozent der Bevölkerung keine Ahnung von der Demografie haben, und noch schlimmer ist – es ist ihnen egal. Ich sehe jeden Tag Menschen, die ständig auf ihr Mobiltelefon starren. Denen wird gar nicht auffallen, wenn sie eines Tages aus dem Lebensraum verschwinden. Die meisten Menschen interessieren sich für Bier und Fußball oder für Lippenstift und Schuhe – denen ist der Niedergang Europas egal. Viele schauen, dass es ihnen gut geht, der Rest kümmert sie nicht. Falls die Geburtenrate in Afrika nicht sinkt und sich Milliarden von Afrikanern auf den Weg nach Norden machen, wird es ein böses Erwachen für viele Europäer geben.

Wenn Sie sich an einem Zeitschriftenkiosk umschauen,

werden Sie viel Prominententratsch entdecken, aber so ziemlich nichts über Demografie finden. Die Fernsehstationen berichten von Terroranschlägen und zeigen Tierfilme, aber vom demografischen Niedergang Europas und dem Bevölkerungswachstum in Afrika berichten sie nicht oder verharmlosen es sogar. Die Medien müssen gar nicht lügen, um die Menschen zu desinformieren – sie können einfach Tatsachen wie die Überbevölkerung verschweigen.

Der Vorschlag, statt die Geburtenrate in Afrika zu senken, andere Planeten zu besiedeln, scheitert einmal mehr an der Exponentialfunktion. Falls man im Jahr 2200 einen zweiten Planeten besiedelt hat und die Bevölkerung sich alle 70 Jahre verdoppelt, müsste man im Jahr 2270 schon 4 Planeten mit Menschen auffüllen. Es erstaunt Sie wahrscheinlich nicht, dass im Jahr 4720 mehr als 137 Milliarden Planeten besiedelt werden müssen, womit unsere Galaxie mit Menschen gefüllt wäre. Unsere Galaxie hat eine Ausdehnung von 100 000 Lichtjahren und die Raumschiffe müssten daher mit Überlichtgeschwindigkeit fliegen, um die Aufgabe zu erfüllen. Falls sich so ein Raumschiff wirklich bauen ließe, wäre etwa im Jahr 9000 das ganze Universum mit Menschen aufgefüllt, dann müssten wir 2, 4 und 8 neue Universen finden. Da die meisten Menschen im Internet lieber lustige Katzenvideos schauen als solche über die Exponentialfunktion, werden sie immer absurde Lösungsvorschläge bringen, statt den naheliegenden: die Geburtenkontrolle. Hier springt leider das religiöse Über-Ich an, denn diese Lösung will man nicht wahrhaben. Den religiösen Fundamentalisten ist Europa sowieso egal – sie kümmern sich nur um das ungeborene Leben. Nur dieses muss geschützt werden und nicht die Europäer.

Ich werde immer wieder nach der Lösung der Bevölkerungsprobleme gefragt und möchte hierzu einige Vorschläge anbringen. Heute wird die Überalterung vieler Länder Europas beklagt. Diese ist einerseits eine Folge der besseren medizinischen Versorgung und andererseits eine Folge der niedrigen Geburtenrate. Wenn weniger Kinder geboren werden, steigt automatisch der prozentuale Anteil der Alten. Das erste Problem ist, wer die Renten und die Pflegekosten bezahlen soll, aber das wichtigere ist die niedrige Geburtenrate. Wenn Sie aus einer Kiste voller Äpfel jeden Tag einen Apfel wegnehmen, wird die Kiste eines Tages leer sein. Das verstehen die Menschen, aber wenn man ihnen sagt, dass etwa im Jahr 3300 der letzte Deutsche sterben wird, dann wollen sie das nicht wahrhaben. Mit der jetzigen Geburtenrate wird aber genau das geschehen.

Vielleicht ist Ihnen auch aufgefallen, dass man in Tierfilmen nie altersschwache oder hinkende Antilopen sieht. Die Evolution ist grausam und kennt keine Pflegeheime; wer nicht dem Löwen davonrennen kann, wird gefressen. Es ist ein großes ethisches Problem, wie viel man in die Gesundheit und das Überleben eines 87-jährigen Menschen investieren soll. Falls ein Staat das meiste Geld in die Pflege der alten Menschen investiert und für die Kinder wenig übrig bleibt und damit die Geburtenrate unter 2,1 Kindern pro Frau sinkt, wird die Bevölkerung dieses Landes irgendwann aussterben. Wenn der letzte Deutsche unter dem Brandenburger Tor begraben wurde, kann man noch eine Gedenktafel anbringen mit der Inschrift: „Hier ruht der letzte Vertreter eines großen Volkes, das die meiste Energie in die Pflege der alten Menschen gesteckt hat und darum kein Geld und keine Zeit für Kinder hatte." Hier setzt natürlich der Helferinstinkt ein und die innere Stimme sagt: „Wir können doch die alten Menschen nicht im Stich lassen." Wie das in der Praxis gelöst werden soll, muss jeder Staat selber entscheiden. Mathematisch gesichert ist auf jeden Fall, dass mit einer Geburtenrate von 1,4 Kindern pro Frau ein Volk ausstirbt.

Spenden Sie kein Geld an Entwicklungshilfeorganisationen. Die Entwicklungshilfe hat auf der ganzen Linie versagt und hat vor allem den Entwicklungshelfern genützt, die in klimatisierten Geländewagen in Afrika herumfahren und irgendwelche sinnlosen Projekte beaufsichtigen. Mit ihrer Spende befeuern Sie nur das Bevölkerungswachstum in Afrika. Investieren Sie das Geld lieber in europäische Kinder. In Europa hat es viele arme, alleinerziehende Mütter – denen sollten Sie das Geld geben, denn die Kinder sind die einzige Rettung vor dem kompletten Niedergang Europas. Die Entwicklungshilfe in Afrika sollte nur an Staaten ausbezahlt werden, die bereit sind, an Familienplanungsprogrammen teilzunehmen.

Geben Sie das Geld lieber einer kinderreichen europäischen Familie, als es den Umweltschutzorganisationen zu spenden, weil die Windenergie den demografischen Niedergang Europas nicht verhindern wird. Sie können mit Elektroautos herumfahren und stromsparende Kühlschränke kaufen – das alles nützt nichts gegen die niedrige Geburtenrate. Es sollte alles unternommen werden, um in Europa die magische Zahl „2,1 Kinder pro Frau" zu erreichen. Sollte das nicht gelingen, werden viele europäische Länder in den nächsten Jahrhunderten afrikanische Kolonien werden. Die Lösungsansätze der Umweltschützer sind Fantasien, die ihr Geld nicht wert sind.

Der Staat sollte die Kinder als Infrastruktur und zukünftige

Steuerzahler betrachten und sollte sich darum an den Kosten der Bevölkerungserhaltung beteiligen. Das Scheidungsrecht sollte reformiert werden, denn viele Eltern geraten nach der Trennung in die Armutsfalle. Der Staat kann keine Kinder bekommen, darum sollte er die Aufzucht delegieren und besser finanzieren. Da es billiger ist, die nicht geborenen Europäer mit Afrikanern zu ersetzen, macht dieser Lösungsansatz im ersten Moment einen Sinn, zerstört aber den kulturellen Zusammenhalt eines Kontinents. Weil man kein Geld für eigene Kinder hat, macht man langfristig aus Europa eine afrikanische Kolonie.

Extrem reiche Europäer kaufen Fußballklubs auf, um sich zu profilieren, aber um Europa vor dem demografischen Niedergang zu bewahren, sollten die Reichen das Geld besser in Kindertagesstätten investieren. Die Fußballstadien sind voll – die Staatskassen sind leer. Auch hier könnte man eingreifen und einen Teil der Einnahmen für die Kinder abschöpfen. Solange die Politiker und Medien diesen Bevölkerungsniedergang Europas nicht thematisieren, werden die unwissenden europäischen Bürger ihren Alltag weiterleben und langsam aus dem Lebensraum verschwinden.

Der Durchschnittsmensch hat Angst vor Ebola und der Atombombe, dabei ist die Geburtenrate die schlimmste Waffe. Eine Pestepidemie hat ein Drittel der Bevölkerung dahingerafft, eine niedrige Geburtenrate vernichtet langfristig die gesamte Bevölkerung. Bei einer Pestepidemie liegen die Leichen auf der Straße, nicht geborene Kinder sieht man nicht. Viele Optimisten glauben, dass das globale Bevölkerungswachstum bei 9 bis 10 Milliarden Menschen aufhören wird, und darum besteht kein Handlungsbedarf. Mag sein, dass die Weltbevölkerung 10 Milliarden Menschen umfassen

wird und bei dieser Zahl stabil bleibt, aber solange die Geburtenrate in Europa niedrig bleibt, wird dieser Kontinent
entvölkert und die Bevölkerung wird durch Menschen von
anderen Kontinenten ausgetauscht.

Als sich vor 40 000 Jahren der Homo sapiens auf den
Weg von Afrika nach Europa gemacht hat, ist er hier den
Neandertalern begegnet, die schon seit Hunderttausenden
von Jahren hier gelebt haben. Die Bevölkerungsdichte war
damals sehr niedrig und die Begegnungen zwischen diesen
beiden Menschengruppen waren darum nicht so häufig wie
heute am Strand von Rimini. 10 000 Jahre später waren
die Neandertaler ausgestorben und über die Gründe ihres
Verschwindens ist man sich nicht einig. Heute wiederholt
sich die Geschichte: Menschenmassen aus Afrika machen
sich auf den Weg nach Europa und werden die einheimische Bevölkerung verdrängen. Im Jahr 3200 werden sich die
Wissenschaftler streiten, warum die Europäer ausgestorben
sind. Ich kann es Ihnen schon heute sagen: Die Europäer
sind verschwunden, weil sie die Exponentialfunktion nicht
verstanden und dieses Buch nicht gelesen haben.